日本社交媒体平台治理的合作规制研究

雷紫雯 · 著

九州出版社
JIUZHOUPRESS

图书在版编目（CIP）数据

日本社交媒体平台治理的合作规制研究 / 雷紫雯著 .
北京：九州出版社，2024. 5. -- ISBN 978-7-5225
-2994-3

Ⅰ. G219.313

中国国家版本馆 CIP 数据核字第 2024U7P408 号

日本社交媒体平台治理的合作规制研究

作　　者　雷紫雯　著
责任编辑　刘　嘉
出版发行　九州出版社
地　　址　北京市西城区阜外大街甲 35 号（100037）
发行电话　（010）68992190/3/5/6
网　　址　www.jiuzhoupress.com
印　　刷　成都市兴雅致印务有限责任公司
开　　本　787 毫米 ×1092 毫米　16 开
印　　张　11.5
字　　数　189 千字
版　　次　2024 年 5 月第 1 版
印　　次　2024 年 5 月第 1 次印刷
书　　号　ISBN 978-7-5225-2994-3
定　　价　68.00 元

前　言

　　社交媒体平台已深度嵌入日本社会生活的各个领域。在日本，有近八成的人使用社交媒体，2020 年，日本本土即时通信应用"LINE"的使用率高达 90% 以上，月活用户超过 1.7 亿。Twitter 日本用户超过 4500 万人，在 Twitter 全球用户中排名第二。尽管社交媒体平台在日本社会已经拥有巨大的影响力，但每当社交媒体平台因其信息传播和技术架构特性而给社会结构和市场秩序带来负外部性时，日本相关监管机构和组织都会采取一定的规制措施，对治理机制进行调适与回应，使社交媒体平台发展与既有社会秩序相适应。因此，社交媒体平台在日本尚未形成中心化的社会权力。

　　本书以日本社交媒体平台及其治理为研究对象，运用案例研究、比较研究、政策文本分析等研究方法，探讨日本社交媒体平台如何在与国家、市场和社会的互动和博弈中发展起来，其平台权力是如何被制约和规范的。本研究提出"风险冲突—治理调适"的分析框架，考察日本社会文化语境下社交媒体平台治理的合作规制模式。日本互联网发展演进经历了"互联网基础设施信息化"（1995—2004 年）、"加拉帕格斯化的日本媒介生态"（2005—2009 年）和"多层次化的平台生态"（2009 年至今）三个阶段，应当将社交媒体平台在社会中的角色功能放在上述社会发展环境中理解和阐释。

　　研究发现：第一，日本社交媒体平台兼具媒体和网络信息中介的双重属性，社交媒体平台公司对自身的角色定位认知非常重要，应当对不同角色定位的社交媒体平台属性采取分层治理路径。

　　作为媒体的社交媒体平台治理延续日本大众传媒业"以攻为守"的自我

1

规制传统，雅虎日本等日本大型平台公司以"先下手为强"的积极自治防止政府"监管阴影"介入，社交平台通过设计平台技术架构，制定内容审核规则等方式，履行作为媒体的社交媒体平台的社会责任。另一方面，作为信息中介的社交媒体平台治理遵循"技术中立"的治理逻辑，主要由日本《网络服务提供者责任限制法》对平台免责进行限制性规定。由于事前监管面临违宪风险，日本政府更倾向通过事后法律救济的途径保障权利人相关权利。并且在责任界定和责任分配方面，注意平衡平台内信息发布者、社交平台公司和被侵权人的责任分担，力求表达自由和责任承担之间的平衡。

第二，日本社交媒体平台嵌入社会生活的过程也是从限制平台权力到规范平台权力的过程，驱动力来自自下而上的社会规范压力、自上而下的政府产业发展诉求，以及作为商业主体的社交平台公司市场发展的需求。以维护用户权利作为基本价值诉求展开平台治理，能够实现商业利益与公共利益的再平衡，防止社交媒体平台公司通过"公共俘获"而拥有过大社会权力。

从个人信息保护的角度对雅虎日本公司信用评分服务社会推广失利的案例，以及日本就业信息平台 Rikunabi（リクナビ）不当使用用户个人信息的事件展开考察，发现日本《个人信息保护法》的无规范即禁止、无告知即违规的法律规制原则，以及社会公众对个人信息使用的容忍度、大众媒体对平台个人信息使用的报道和评价，是制约社交平台嵌入社会生活和产业结构，限制平台权力扩张的重要因素。日本政府通过法律制度调整和规制回应，通过严格保护个人信息和个人数据去隐私化使用的双重调适，达到商业利益与公共利益的再平衡，使日本社交媒体平台公司与既有产业反向融合共同发展。也正因为如此，日本的平台公司并未替代既有产业成为垄断性的存在。

第三，应当从平台生态的视角探讨社交媒体平台治理有效化的作用机制。以"青少年使用社交媒体平台"这一特定情景为例，从技术权力的去中心化和再建构的角度，探讨社交媒体平台治理的有效作用机制。研究发现，社交媒体平台、政府、业界团体、智能终端制造商、电信运营商等主体共同构成了社交媒体平台合作规制的治理网络，社交媒体平台作为主体责任的地位去中心化，依托智能手机平台生态系统的参与者集体享有半中心化的治理控制权，进而实现了社交平台治理的有效化。

从全球范围看，平台全球化的发展进程及平台权力的不断崛起在创造了巨大社会福利的同时，也因权力失衡和治理能力不对称而带来诸多社会治理问题，平台治理成为各国必须面对的重要议题，日本以合作规制的方式开展社交媒体平台治理，仍在试错的过程中改进和完善。

通过比较中日两国的平台治理模式，发现日本社交媒体平台兼具信息中介、媒体、平台生态系统治理节点的多元复合角色，平台发展的价值诉求与公权力机构外部监管的价值诉求相一致，从而激励国家和政府采取多种形式开展合作规制，激励行业有意识地遵守公共利益。与日本相反，我国社交媒体平台存在角色定位上的错位和边界模糊，增加了政府监管的成本，也使后续的治理措施一直停留在事后追责的被动处境。在平台治理的演进逻辑方面，日本呈现从限制平台发展到规范平台权力的过程，既有制度和社会秩序既是平台发展的阻力，也是其积极开展自治，进行治理创新的动力。在我国，平台治理经历了从自由竞争到垄断竞争再到反垄断的过程，当前正面临如何规范平台权力的制度革新问题。无论是推崇平台自治的日本，还是权威型协同治理的中国，合作规制都是未来平台治理的大趋势。

本研究落脚于社交媒体平台治理的制度设计上，指出社交媒体平台治理的主要主体既包括政府、社交媒体平台、行业组织和用户等传统治理主体，同时也应当将电信运营商、智能手机生态系统提供商等主体嵌入合作规制网络。其中，政府发挥元规制中心的角色，通过信息披露、监管阴影、价值引导等方式，实现维护市场秩序、保护公众权利和实现公共价值的目标。社交媒体平台是集媒体、商业主体、技术架构、治理网络节点于一身的复合角色，通过透明性原则、说明责任和信赖关系等方式，平衡追求商业利润和承担社会责任。行业协会作为协调中介，在制定行业规范、协调政企关系方面发挥重要作用。并且，应当重视用户评价投诉、媒体报道等社会监督对社交平台的制约作用，实现对平台权力的有效监督。

研究结论认为，日本社交媒体平台具有媒介组织、商业公司、技术架构等多元社会角色，可以针对社交媒体平台的不同角色属性采取分层治理路径。并且，面对不断崛起和扩展的平台权力，应当从规范平台权力而不是遏制平台权力的视角出发开展制度设计，把权力关进制度的笼子里。同时，在平台生态系统的基础上构建社交平台治理的规制行动者网络，从共同责任的角度实现平台治理有效化机制。

目　录
CONTENTS

第一章 导 论

第一节 研究背景与问题提出

社交媒体平台已深度嵌入日本社会生活的各个领域。在日本，有近八成的人使用社交媒体，2020年，日本本土即时通信应用"LINE"的使用率高达90%以上，月活用户超过1.7亿。Twitter日本用户超过4500万人，在Twitter全球用户中排名第二。尽管社交媒体平台在日本社会已经拥有巨大的影响力，但每当社交媒体平台因其信息传播和技术架构特性而给社会结构和市场秩序带来负外部性时，日本相关监管机构和组织都会采取一定的规制措施，对治理机制进行调适与回应，使社交媒体平台发展与既有社会秩序相适应。因此在日本，如果宣称社交媒体平台业已形成中心化的社会权力则会言之过早。

一、研究背景

1. 嵌入日本社会生活的社交媒体平台

虽然互联网和万维网一直被用来促进社交互动，但在20世纪的头10年中，Web2.0功能的出现和快速传播使网络使用的社交组件实现了进化飞跃。

在日本，社交媒体平台已经建立了强大的影响力，发展成为具有社会、政治和经济意义的网络空间行为主体。

2011 年东日本地震和海啸期间，Twitter 和 Facebook 等当时在日本新近流行的社交媒体充当了灾区的生命线，成为受灾民众传播和共享信息的重要渠道。在此之后，社交媒体在日本的使用率逐年增加，与"建立和保持个人之间的关系"相比，日本用户更倾向于将社交媒体作为"获取和消费信息的场所"（総務省，2018）。此外，社交媒体也成为日本政治辩论的重要在线场所之一。2013 年"网络选举解禁"后，日本政治家可以灵活使用社交媒体开展网络演讲，并与选民直接讨论交流，这改变了日本传统的政治传播生态。"社交媒体上政治候选人和选民之间的交流对政治关系建构产生的影响"（小笠原盛，2014）的论述表明，社交媒体构建了具有"间媒介性"（遠藤薫，2010）的新媒介环境，为大众媒介和社交媒体间互动的"媒介生态系统"提供了新的佐证。

互联网产业层面，社交媒体平台公司正逐步向日本社会的核心产业领域嵌入整合。2021 年 3 月，雅虎日本"Z 控股"（ZHD）与日本最大的即时通信平台 LINE 完成管理整合，预计将在搜索门户、广告、即时通信领域开展核心业务，实现商业、本地、金融科技和社会四个重点领域的业务扩展。数字时代的互联网平台成为全球数字经济的引擎，日渐成为数字社会的基础设施。荷兰学者范·迪克（Van Dijck）认为，我们已经进入了"平台社会"时代，"有的平台已渗入社会核心，扰乱市场和劳动关系并绕过传统管理制度，改变社会和公民行为，影响民主进程"（Van Dijck & De Waal，2018）。

2. 社交媒体平台发展成日本社会中的"新统治者"了吗?

平台经济学者戴维·埃文斯（David Evans）、理查德·施马兰奇（Richard Schmalensee）提出，世界上的大型互联网平台企业以"匹配者"（Matchmakers）的身份将一个群体中的成员与另一个群体中的成员连接起来（戴维·S. 埃文斯、理查德·施马兰奇，2018）[VI]，借助高渗透率和普及率，通过信息内容的生产、分发与传播，拥有了定义人们生产生活的权力。有学者将此种平台权力称为网络空间中的"私权力"（周辉，2017），认为网络平台的崛起打破了网络空间传统以国家、私人二元主体划分为基础的权力结构，构成"公权

力—私权力—私权利"的三角结构（韩新华和李丹林，2020），互联网平台成
为网络空间中的"新统治者"（new governor）（Klonick，2017）。

当社交媒体平台不断渗透进日本社会生活的方方面面，凭借强大的数据
资源和技术优势逐渐形成中心化的社会权力，日本国家和政府机构也采取了
一系列监管措施，制约社交媒体平台权力的扩大化。2022 年，日本总务省公
布了一份针对 SNS 等互联网科技公司的规制强化草案报告，要求其公开用户
数据处理方法，并披露储存用户信息服务器的所在国家等事项，以保护用户
合法权益。互联网产业方面，日本政府 2020 年出台了《数字平台交易透明化
法案》，旨在规制大型互联网平台公司在日本国内市场的交易行为。

可以说，每当社交媒体平台因其信息传播和技术架构特性而给社会结构
和市场秩序带来负外部性时，日本相关监管机构和治理组织都会采取一定的
规制措施对治理机制进行调适与回应（如表 1-1 所示）。

表 1-1 日本社交媒体平台发展与政府监管规制回应

时间	影响	事件
2011 年	社交媒体在日本迅速推广普及	"3·11"大地震中，Twitter 以实时、便捷的信息传播特性，使突发事件信息发布更加高效
2013 年	社交媒体促进政治参与	网络选举解禁，候选人可以在社交媒体上开展选举演讲宣传，并与选民直接讨论交流
2016 年	平台主导虚假新闻传播	大型 IT 公司 DeNA 旗下的医疗信息平台 WELQ 生产传播虚假新闻
2017 年 6 月	修订法律保护未成年人	修订《青少年网络环境整备法》，加强电信运营商等主体义务
2019 年 8 月	用户个人信息不当使用	就业平台 Riku Navi 未经允许使用用户数据预测了求职者的"offer 辞退率"，并将其贩卖给用人公司
2019 年 11 月	社交平台成为对未成年人实施犯罪主要场所	大阪市的小学生被在 SNS 上认识的网友诱拐

续表

时间	影响	事件
2020 年 5 月	诽谤中伤言论盛行	女子自由搏击选手木村花因 twitter 上的网暴言论而自杀
2020 年 5 月	制定法律规制平台内交易行为	出台《数字平台透明化法案》，规制大型平台公司在日本国内市场的交易行为
2020 年 6 月	修订法律等规范用户个人信息使用	修订《个人信息保护法》，改进知情同意条款，明确个人信息使用目的
2021 年 4 月	修订法律等治理诽谤中伤言论	修订《网络服务商责任限制法》，保护社交平台诽谤中伤言论中的用户权益
2021 年 3 月	数据主权问题	管理聊天软件 LINE 的用户数据的中国公司技术人员，能够查看用户包括姓名、邮件地址、聊天记录等个人信息
2022 年 1 月	加强 SNS 规制的讨论	出台 SNS 规制强化草案，要求其公开用户数据处理方式等信息透明化措施

日本社交媒体平台发展与政府监管规制回应的互动过程很大程度上限制了社交媒体平台在日本社会权力的中心化和垄断化势头。其一，在信息传播层面，日本社会呈现大众媒介与社交媒体平台共存的"间媒体社会"的媒介生态环境（遠藤薫，2010），日本传统媒体"退而不衰"（朱江丽，2019），很大程度上保证了媒介生态良性的竞争发展态势。其二，在数字产业发展层面，日本政府以保护个人权利为核心规范互联网平台等大型科技公司的市场行为，防止其垄断权力的俘获。其三，2019 年以来，日本公共监管机构逐渐在治理机制中发挥愈发重要的主导和组织作用。这一"合作规制"（co-regulation）模式成为日本社交媒体平台治理路径选择的基本出发点。

二、问题提出

全球层面来看，社交媒体平台的崛起和权力扩张均在与国家、市场和社会的互动与博弈中进行。美国重视维护本国互联网平台企业的核心利益，基于"市场—社会"系统的强势传统（王震宇，2021），倡导"网络自由"下的平台自治。欧盟尚未拥有具有超级影响力的巨头平台公司，因此，通过出台一系列网络空间治理的战略性文件与法案，以制约美国超级平台的垄断权力，维护欧洲传统公共价值。放眼亚洲，日本国内的数字市场被以"GAFA"（Google，Apple，Facebook，Amazon）为代表的大型境外平台公司，以及雅虎日本（Yahoo！Japan）、乐天（Rakuten）等日本本土互联网平台企业把控。在日本，社交媒体平台尽管拥有强大的社会影响力，但尚未形成中心化的社会权力。

因此，本研究的研究问题是：日本社交媒体平台是如何在与国家、市场和社会的互动与博弈中发展的？在这一过程中，日本社交媒体平台的社会权力是如何被制约的？作为这一问题的延伸，可以继续追问：在不扼杀社交平台企业发展和利润产出，又要求其商业模式符合社会公共利益的情况下，社交媒体平台治理需要解决哪些问题？其关涉的是日本社会文化语境下平台治理的独特模式，要回应的是数字时代全球面临的平台治理的普遍性问题。本文的具体研究问题包括：

1. 日本社交媒体平台的基本属性和社会功能是什么？
2. 国家、市场、社会、技术要素如何制约和规范日本社交媒体平台发展？
3. 日本社交媒体平台的治理模式何以转向合作规制？
4. 现阶段有哪些手段可以整合进社交媒体平台治理的方案中？

第二节 核心概念界定

一、日本的社交媒体平台

在界定社交媒体平台之前，首先需要厘定"社交媒体"（social media）的含义。社交媒体顾名思义，包含"社交"和"媒体"两种属性。"社交"指人通过社会交往行为建立起的社会关系，强调人与人之间"双方向的交流"（田川義博，2013）。"媒体"指信息交换、共享并使之发生传播效力的中介（武田隆，2011）。基于上述两种属性，在日本，社交媒体一般被描述为"博客、社交网络服务（SNS）和视频分享网站等媒体，用户在这些网站上生产和传播信息，并提供各种机制来促进用户之间的联系"（総務省，2015）。

根据不同类型社交媒体的功能特点，社交媒体一般可分为"信息交换型"和"关系建构型"两类（武田隆，2011）。前者包括搜索引擎、博客、照片共享、点评网站等网络信息服务型社交媒体，如 Google，Yahoo！Japan 等，以"促进业余或专业内容之间的交换"（何塞·范·戴克，2018）[6]。后者则包括以社会网络服务（SNS）、电子论坛为代表的社交型社交媒体，包括 Facebook，Twitter，mixi，LINE 等，这些平台的主要作用是"促进个人之间和群体之间的人际交往"（何塞·范·戴克，2018）[6]。日本典型的社交媒体如表1-2所示：

表1-2　日本社交媒体类型和代表例

类型	服务内容	代表性社交媒体
博客	个人日志	Ameba blog, Livedoor blog
SNS	转发、分享、评论、微博客、标签运动、信息流广告	Facebook，Twitter，Mixi，Instagram，LinkedIn
视频分享平台	短视频形态内容、算法分发数据、信息流广告	YouTube，Niconico 动画，Vine，TikTok
即时通信服务	消息、公众号、转发、分享、评论、信息流广告	LINE，Whats APP，WeChat
信息共享平台	聚合类内容、聚合类公众号、算法推荐、定向广告	价格 .com，食べログ，Cookpad
社会化书签		Hatena book mark

在厘清日本社交媒体基本概念定义与分类的基础上，"平台"这一开放性概念有包含数字平台，在线平台，平台经济在内的不同称谓所指。欧盟将平

台界定为在双边或多边市场上经营的企业，利用互联网通过两个或更多独立但相互依赖的用户群的互动创造价值。根据日本总务省《数据通信白皮书》的定义，平台是在线广告、网络市场、搜索引擎、社交网站、应用市场、支付系统等广泛网络线上活动的基础。具有间接的网络效应，当用户需要使用相关线上服务时，需要必要的中介功能，而平台承担了这一中介功能（株式会社 NTT データ経営研究所，2018）。当提到社交媒体平台时，往往更强调其通过"主持、存储、组织和传播其他内容"而生成的一种平台权力，"中介性"构成了平台权力的核心。"平台不制作内容，但对这些内容做出了重要的选择：平台决定分发什么信息，将信息分发给谁，以及用户之间联结和互动的方式。"（Gillespie，2017）

在一些研究中，社交媒体平台被描述为允许"用户生成内容"的应用程序（Kaplan & Haenlein，2010），其他定义侧重于与分散的接受者群体互动交流信息的能力（田川義博，2013；Hogan & Quan-Haase，2010）。经济合作与发展组织对"互联网中介"（Internet intermediary）的定义是："汇集或者推动第三方进行互联网交易，它们提供接入，托管，传递以及索引第三方启动的互联网内容、产品以及服务，或者为第三方提供互联网基础服务。"（OECD，2010）上述定义强调了互联网中介为他者行为提供基础服务的积极意义。劳拉·德拉迪斯（Laura DeNardis）等认为，社交媒体平台应具备三种具体的技术能力，包括：①用户生成内容的中介；②用户之间互动和直接参与内容的可能性；③个人与其他用户建立网络联系的能力（DeNardis & Hackl，2015）。

随着社交媒体平台日益强大，其越来越多地承担起策划内容和监管用户活动的责任，我们不得不重新审视一些棘手的问题，即它们如何构建它们所主持的言论和社会活动，以及应该伴随着哪些权利和责任（DeNardis & Hackl，2015；Grimmelmann，2015；Van Dijck，2013）。

二、合作规制

近年来合作规制（co-regulation）作为域外规制改革潮流之一已成为学界研究焦点。试图对合作规制赋予一个明确的定义是困难的，学界并没有对其定义达成共识。如果按照不同规制主体进行划分，可以建立一个"规制光谱"：一般将市场作为一端，主要依赖私人主体的自我规制；将国家作为另一端，依靠法律或行政规制；介于两者之间的、被称为"替代性规制"的几种监管模式，由于不同程度上混合了自我规制和政府规制的形式，都可以看作是合作规制的体现（Verbruggen，2009）。

为了将合作规制与自我规制、政府规制区别开来，学术文献中提出许多关于合作规制的定义。根据国家参与的不同模式和程度，有学者用"强制性自我规制"（enforced self-regulation）（Braithwaite，1982）、"受规制的自我规制"（regulated self-regulation）（Kaye，2006）、"元规制"（meta-regulation）（Coglianese & Mendelson，2010）等概念分析这一替代性规制。从制度角度看，这些规制形式的共性是在政府规制和自我规制之间的连续统一体中进行的，可以看作国家、社会和私人部门之间密切联系的组合（Sinclair，1997）。

因此，合作规制可以看作一种规制方式，包括私人和公共行为者参与对特定利益和目标的监管。当合作规制被应用于一个具体的政策领域时，意味着私人行为者能够建立某些规范，以便根据公共行为者在立法行为中确定的一般原则和条件来监管一个具体的政策问题（Verbruggen，2009）。例如，通常被引用的英国通信办公室（Ofcom）将合作规制定义为："包括自我规制和法律规制的要素，是公共机构和行业共同管理落实某一特定问题的解决方案，其中，责任分担的方式多种多样，但通常情况下，政府或监管机构需保留必要的强制力以达成目标。"（Ofcom，2008）

合作规制中，立法者需要确定立法的基本内容，包括要实现的目标、与执行有关的最后期限和机制，以及监测立法适用情况的方法和保证立法执行需要的制裁（Verbruggen，2009）。而其他私人部门和利益相关者则按照基本法律框架制定各种执行细节，并由专门机构进行监督（Senden，2005）。合作规制与自我规制的区别在于，是否包含问责、规则制定、制裁和公众参与等规制过程（Rubinstein，2016）。

第三节 文献综述

关于社交媒体的学术研究大都集中在内容和使用问题上，并未关注支持社交媒体作为技术架构的平台属性。网络空间治理研究的学术实践关注互联网技术设计选择和用户政策实施在治理中的作用。因此，本节沿着网络空间治理的学术脉络，考察互联网治理的观念变迁，以及作为新兴领域的社交媒体平台在网络空间治理中承担的独特角色和功能，解析社交媒体平台在表达自由与限制、个人隐私与信息保护、平台生态技术架构设计三个领域对网络空间治理提出的若干挑战。

一、网络空间治理观念的起源及其发展

广义的"互联网治理"（internet governance）通常用于描述保持互联网运行所需的技术基础设施的设计和管理，以及围绕这些技术制定实质性政策（DeNardis，2014），即互联网是否以及在多大程度上适合分级控制，以及任何规则制定权可以建立在什么基础上（Hofmann，Katzenbach & Gollatz，2017）。网络空间治理的观念经历了自由主义和法治主义的论争，呈现出多层化和复杂化的治理趋势（成原慧，2016）[2]。其中，社交媒体平台及其技术架构发挥的作用越来越重要。

1. 网络自由主义与自我规制

在互联网发展初期，学者们倾向于认为互联网是一个新兴跨国空间，有一套自身独特的运行和治理规则。互联网的规则并非由国家创制，也不来源于现实的权威，而是源于自愿参与，由具有实质性专业知识的私人开展自我规制来管理。在互联网上，"机构应灵活且以利益相关者为基

础，国家的作用应仅限于在需要时提供安全和执行硬性规则。"（Flonk,
Jachtenfuchs & Obendiek, 2020）

一些学者认为，由于互联网的无国界性、匿名性等技术特征，传统的国家规制无法在网络空间实现。"互联网是一种新的传播媒介，试图以威权控制互联网的行动注定失败，国会和法庭所推行的传统规制没有规制互联网的能力。"（Nahikian, 1995）。美国法官弗兰克－伊斯特布鲁克在其论文《网络空间与马的法律》中声称，不需要对互联网专门立法，正如没有一部关于"马的法律"（Easterbrook, 1996）。以这部分学者为代表，反对网络立法的人士后来被称为网络自由主义者。网络自由主义者并非反对网络空间的所有治理方式，相对于对国家规制的强烈抵制，他们对自我管理情有独钟。"非正式的规制，即由网民逐步建立起来的'网络礼仪'，更适合这个崭新的虚拟空间的规制课题"（Segura-Serrano, 2006），其潜在的意识形态是自由市场和多元公民社会思想的结合（Flonk et al., 2020）。

因此，互联网自治论者重视治理体系由政府主导型向多层次甚至无政府型转变。约翰·巴洛（John Barlos）于1996年发表了令世人瞩目的《网络空间独立宣言》（以下简称《宣言》）。《宣言》既吸纳了"无政府治理"等治理理论，又结合网络空间虚拟性和匿名性等特征，把网络空间看作与国家无关的新型空间，一个自我治理空间（Barlow, 1996）。

巴洛的思想影响了很多研究网络空间治理的学者，正如莱登伯格（Reidenberg）所说，全球信息基础设施"无视传统的规制理论和政策制定实践"（Reidenberg, 1996）。斋藤启昭（1997）认为，互联网发展初期的网络空间尽管存在违法有害信息传播等问题，但在立法规制之前，首先应该以推动企业自我规制，以及积极开发网络安全技术等方式予以应对。

2. 网络空间的法律规制

20世纪90年代末的规制时代精神拒绝了公共命令和控制规制，而倾向于基于市场的自我规制，这一网络自由主义者的观点在理念和现实中很快就受到挑战。网络空间法治论者将互联网看作威胁而非机遇。他们认为，互联网应该由政府机构管理，以尊重国内主权并避免外部侵犯。公司、民间社会或专家最多只能发挥咨询作用（Flonk et al., 2020）。

由于网络社会中不免存在利益冲突和权益侵害的现象，这种侵害很可能会延伸到现实社会来，所以法律法规的规制是必须的。主张对网络进行法律规制的领军人物劳伦斯·莱斯格（Lawrence Lessig）在其论文《马的法律：网络法教给我们什么》中与网络自由主义者的观点针锋相对，指出既要认识法律作为规制者的缺陷，也要认识可以弥补这些缺陷的技术（Lessig，1999）。因此，网络空间法治论者强调以国家和政府为主体对网络空间进行规制。国家规制即立法机关制定法律法规规制互联网（Chedia，2010），政府规制则通常被认为政府使用"命令—控制"式的规制方式监督法律政策的实施（Black，2001）。

网络空间法律规制的社会目的是保护主权和核心国内价值观，使其免受互联网授权的国内或国际行为者的侵害。其基本意识形态是政府在没有外部干预和约束的情况下决定国内政策并在主权平等的基础上签订国际协议（Flonk et al.，2020）。

3. 网络空间的架构规制

网络自由主义论者和网络法治论者在互联网草创时期的争论，随着互联网的发展，以及因互联网使用引发的各种问题不断出现而逐渐退出历史舞台。到 2000 年前后，"互联网将持续不受规制这一观点，甚至说这一欲望，业已消失殆尽"（莱斯格，2018）[III]。人们逐渐意识到，对网络空间的治理不仅是可能的，也是非常现实的。网络空间治理的核心在于"规则如何制定以及由谁制定"（Wu，2006），随着网络空间治理机制的"多层化"和"复杂化"（成原慧，2016）[2]，基于"架构"（architecture）的网络空间治理为学者的研究提供了新的路径。

网络化系统的架构是其底层的技术和逻辑结构，包括传输设备、通信协议、基础设施以及其组件或节点之间的连接性（Musiani，2013）。自 20 世纪 90 年代末以来，互联网治理中的架构与法律之间的关系成为日益重要的跨学科关注点。其中较具代表性的当属美国宪法学者劳伦斯·莱斯格的《代码 2.0：网络空间中的法律》。作者认为网络空间受法律、市场、准则和架构四个制约。"法律"指国家和政府进行的规制，通过某些行为的制裁和惩罚规制内容，典型的如保护版权和禁止淫秽色情内容的法律。"准则"是通过共同体施加的声誉损毁进行约束的社会规范。"市场"即通过上网接入等价格方式来进行约束，人气不佳的网络板块会被删除等。"架构"或称之为代码或协议，一般通过施加物理负担进行约束。

Lessig 进一步指出，"代码是网络空间的法律"（莱斯格，2018）[6]，在权力分配中占据主导地位。网络空间的性质是互联网设计架构与代码共同作用的结果，而架构本身又不是固定不变的，可以通过添加或修改代码来达到改造已有架构的目的。也就是说，政府，企业和非政府组织是以代码的方式管理网络空间的。

Lessig 的分类被广泛引用，其中，基于架构的网络空间规制对网络空间法治论起到了补充和替代的重要作用，对其后网络空间治理研究产生了巨大影响。科伦（Koren）认为，架构是信息和通信系统领域法律和技术设计相互影响的动态参数。法律和技术之间的相互关系往往集中在新兴技术对现有法律制度构成的挑战，因而需要进一步的法律改革。但法律不仅对新技术做出反应，而且还塑造它们并可能影响它们的设计（Elkin-Koren，2005）。

Tim Wu 的研究为代码与法律之间的互动关系增加了观察维度。在 Lessig 看来，计算机代码可以替代法律或其他形式的监管，在互联网治理中发挥重要作用。而 Tim Wu 认为代码作为某些群体的规制工具，可以反过来作用于政府规制机制，"使用代码设计作为利益集团行为的替代机制"，从而最大限度降低法律成本（Wu，2003）。

二、网络空间治理视域下的社交媒体平台治理

关于社交媒体的学术研究往往集中在内容和使用问题上。例如，社交媒体和政治转型之间的有益关系（Howard et al.，2011），使用这些平台进行自我代表（Boyd & Ellison，2007；Gray，2009），以及社交媒体的使用扩大了言论自由并促进了新形式的公民新闻等。这些研究更关注社交媒体的传播内容，而并非支持社交媒体内容传播的"技术基础设施"这个不太明显的领域。

虽然不像内容那样可见，但社交媒体平台的技术基础设施如何设计和管理，不仅是一个技术上的复杂问题，而且具有重大的公共利益影响（DeNardis & Hackl，2015）。平台研究学者将平台治理分为"平台的治理"

（governance by platforms）与"治理平台"（governance of platforms）
两个面向（Gillespie，2017；Gorwa，2019）。因此，从互联网治理的角度看
待社交媒体平台治理，同样存在"社交媒体平台的治理"与"治理社交媒体
平台"两个维度。前者指社交媒体平台如何通过技术设计选择和颁布用户政
策开展私有化治理（DeNardis & Hackl，2015），后者则关注国家和政府公权
力机构如何试图监管社交媒体平台。

1. 社交媒体平台的治理

关于社交媒体平台进行私有化治理的研究，主要关注社交媒体平台的技
术和政策可供性如何促进或限制言论自由，私人中介的治理对个人权利的影
响，以及社交媒体平台所处的平台生态系统多大程度上能够实现公共利益
问题。

（1）表达自由与规制

社交媒体平台越来越多地承担起策划内容和监管用户活动的责任，通过
平台设计选择以及用户政策，成为互联网上信息流通的关键控制节点。一方
面，社交媒体平台作为网络空间"言论自由的架构"（浜田純一，2002），在
"保护个人表达思想、形成意见、创造艺术和从事研究的自由；个人和团体与
他人分享他们的观点，并在他人观点的基础上发展的能力；以及促进和传播
知识和意见"中发挥重要作用（Balkin，2008）。这些表达自由的价值越来越
多地受到技术和行政设计、用户的同行生产和信息中介机构的商业决定的保
护，而不是法律的保护。

另一方面，"自由表达的基础设施越来越多地与言论监管的基础设施，以
及公共和私人监控的基础设施相融合。人们赖以相互交流的技术和相关机构
的做法，也是政府用于言论监管和监视的技术和相关机构的做法"（Balkin，
2014）。DeNardis认为，私人中介机构在规制公民自由方面发挥着越来越重要
的作用。基础设施和公民自由之间的联系日益紧密，可能对与互操作性和创
新有关的互联网技术特征构成威胁（DeNardis，2012）。

（2）平台规则与用户权利

布鲁诺·拉图尔（Bruno Latour）认为，网络技术架构的形成是"通过其他方式实现的政治"（Latour，1993）[229]。互联网治理中，每个互联网用户作为消费者、共享者、生产者和可能的数字内容管理者的地位，都受到他有权访问的服务的技术结构和组织的影响。从这个意义上说，改变互联网的服务和互联网本身的网络设计，能够平衡用户和网络服务提供者之间的权利关系，并促进用户在线社区参与和互动能力的提升（Musiani，2013）。

关于社交媒体平台形成的私人控制的规则，人们担心架构，即约束个人行为的规则，可能被公司利益所左右，缺乏民主合法性。例如，Lessig 认为，对互联网上的代码使用的监管是由企业单方面的倡议形成的，没有民主共识，这可能导致对代码的重新加工，限制用户的自由和隐私（莱斯格，2018）[58-59]。也有学者对这一观点提出批评，认为守则作为一种私人秩序的性质，是由基于用户选择的市场原则决定的，因此不太可能选择违背用户利益的守则（駒村圭，鈴木秀，2011）[302]。

如果社交媒体平台规则是由市场原则决定的，那么基于用户的选择，可认为规则形成的合法性得到了保证。然而，平台规则能否被市场机制所约束，取决于平台的性质和围绕它的市场结构。例如，舍恩伯格（Schoenberger）认为，互联网上的代码选择是有问题的，因为网络效应很容易导致市场寡头垄断，而基于代码的私人控制往往是不透明的，这明显限制了用户选择代码的自由（Mayer-Schonberger，2008）。由于上述原因，对许多用户来说，在社交媒体平台上的权利并没有得到有效保障。

2.治理社交媒体平台

社交媒体平台日益增长的影响力决定了网络空间中的诸多问题都需要社交平台参与解决，平台改变了人们的交流方式，它们做出的决定对公共文化以及用户的社会和政治生活产生真正的影响（DeNardis & Hackl，2015）。因此，平台从根本上说是政治行为者，他们在设计已成为全球言论自由基础设施的同时做出重要的政治决策（Gillespie，2018）。虽然社交媒体平台越来越多地控制了互联网流量、数据流通和内容分发的网关，使整个社会都依赖它们的系统，但它们设法避开了传统的监管审查（Gillespie，2018）。作为私人"治理者"（Klonick，2017），社交媒体平台的治理行为受到地方、国家和超国家治理机制的影响（Gorwa，2019）。

从互联网治理的视角考察对社交媒体平台的治理，主要的研究内容是国家法定机制或国际法律文书试图如何或应该如何监管社交媒体的问题。对社交媒体平台上非法内容的政策关注，最初主要集中在性露骨和暴力图像上（常本照，1998），近年来扩大至谣言（千代原亮，2012）、假新闻（藤代裕之，2017）和网络暴力言论（小向太郎，2021）等类别。随着社会面议题的扩大，关于社交媒体平台的责任和义务的讨论也在扩大。"在欧洲和美国，人们争论着对于社交平台内的违规信息，平台应当承担何种义务。而在日本，虽然仍寄希望于信息中介采取的自主应对，但也需要从立法上厘清平台的删除义务。"（小向太郎，2021）因此，关于平台责任的讨论涉及是否以及如何对其用户的言论和行动负责的基本问题（Gillespie，2017）。

与交流性表达密切相关的是对 SNS 等数字平台以元数据聚合为前提的商业模式的规制与治理。有学者关注到嵌入巨型互联网公司设计和运营的服务中的算法权力，认为应当将作为技术的算法放在人与社会各要素之间的互动中探讨（平井智，2021）。这一视角下，基于技术架构设计实践保护个人信息和数据权利成为一种路径选择（新保史生，2013）。

三、日本社交媒体平台的治理趋势

社交媒体平台的治理在于以平台"自治"的方式参与社会公共管理，然而，正如政府不是万能的一样，市场也并非万能。私营互联网公司以维护自身商业利益、消除潜在竞争者为目的的自我规制并不能激活信息社会的创新优势（生貝直人，2011）[17]。社交媒体平台私权替代公权行使治理权力，也可能产生公私利益冲突、规制过程黑箱、侵犯用户权利等风险后果。东京大学教授浜田纯一认为，技术革新使互联网治理机制发生变化，自我规制、架构规制、合作规制等规制模式的有效性愈发显著。网络空间治理机制呈多样化、复杂化的倾向，使信息通信政策研究迈进新阶段（浜田纯一，2017）。

对于社交媒体平台自我规制可能产生的诸多负外部性，公权力机构应当采取一定的介入和补充对平台自治本身进行规制，采用公私合作的"合作规制"（co-regulation）政策路径，合理利用平台的规制优势，尽可能避免其规制弊端，是网络空间治理的根本路径选择。

作为日本代表性互联网治理合作规制的比较制度研究，生贝直人比较分析了欧盟（主要是英国）和美国的互联网治理政策，认为"合作规制"路径能够利用市场自我规制的优势，也能补充政府监管的缺点和风险，从而走出"互联网秩序由谁形成"的第三条路（生贝直人，2011）。参照美国和欧盟的治理路径，日本经济产业省 2019 年发布的《Society5.0 时代法律和基础设施的再设计》报告书中，指出数字技术推动社会变革的新阶段，为兼顾 Society5.0 社会[1] 中"鼓励创新"和"实现公共价值"的新治理模式，对国家－政府对企业的规制方式的变化提出了政策建议（经済産業省，2020），将"结合自我规制和法律规制的合作规制"手法纳入政策工具，以平衡数字领域的创新与规制手段的有效性（经済産業省，2018）。

日本信息法学者成原慧发展了 Lessig 的规制理论，认为信息社会规制呈"多层化"发展，国家基于法律手段的直接规制变得越来越困难，衍生出国家通过各种"信息中介"规制信息流动，或使用技术手段等间接规制。这一规制的多元化、多层次化现象，成为网络空间治理的常态（成原慧，2016）。成原慧认为，通过平台进行规制的过程包括规则形成、执行和反馈三个阶段，这一过程中，要以透明形式对间接规制进行规范（成原慧，2011）。

四、既有研究的不足与本研究的知识创新

本研究的知识创新包括：其一，从权力制约的视角研究平台治理中社交平台与不同治理主体间的相互影响。社交媒体平台权力的生成及其治理，反映在各国平台治理的规则设计和实践进程中。学者们已经注意到社交媒体平台权力的生成和社会后果，并且提出和讨论了有针对性的治理方案。但从权力制约或权力规范的视角，考察当社交媒体平台不能成为社会权力时，需要何种要素进行限制的研究较少。

---

[1] "Society5.0" 即日本政府在 2016 年推出的《第五期科学技术基本计划（2016—2020）》中提到的新型社会形态。是继人类社会发展从"狩猎社会（Society1.0）""农耕社会（Society2.0）""工业社会（Society3.0）""信息社会（Society4.0）"逐步进化后，一种未来假想中的新"超智能社会"形式。

　　本研究重点考察社交媒体平台公司与法律、政府、社会规范及平台生态系统之间的复杂互动与博弈，对制约和规范平台权力的要素进行深入阐释。对这一过程的考察，能够凸显社交媒体平台权力制约实现的具体方式。对日本个案过程的具体考察和分析，包含社交媒体平台在角色界定、市场监管、权力制约、技术架构设计等方面，与国家、市场和社会互动的过程，这也是当前无论是我国还是全球平台治理都面临的普遍问题，本研究为进一步提升平台治理有效性提供了思路。

　　其二，以日本社交平台治理为对象研究了平台治理合作规制的制度模式。当合作规制成为全球治理的普遍选择（Gorwa，2019），我们需要问出：社交平台发展与既有社会制度博弈中，如何使应对策略变得更符合公众利益，而不是对少数人（无论是私权力还是公权力）更有利？通过对日本社交媒体平台治理的演进逻辑及其规制回应进行系统梳理与比较分析，本研究进一步完善了全球互联网平台治理的学术图景，为我国平台治理合作规制的制度设计提供了参考。

第四节　研究方法

　　默顿的中层理论（theories of middle range）引导着社会学的实证研究，它强调在一般的社会系统理论与详尽描述细节之间关注有限的社会现象（罗伯特·K. 默顿，2008）。为了理解日本社交媒体平台治理中勾连的宏观社会与微观实践，本文采取案例研究、比较研究、文本分析的研究方法。立足日本社交媒体平台治理所处的信息通信政策环境，以案例分析考察其具体的社交平台治理实践，最终对日本社交媒体平台所处的权力限制脉络及其治理机制的运作逻辑进行考察。

一、案例研究

案例研究是对客观世界某一个领域内某一个典型事件的实际描述与理论分析，从中发现一般性的规律。当前，案例研究已成为心理学、社会学、政治学、经济学等领域的常用工具，因为它能够帮助人们全面了解复杂的社会现象（罗伯特·K.殷，2018）[4]。因此，本研究结合日本社交媒体平台发展过程中，对平台治理模式转变产生重要影响的典型案例进行考察，从社会事实的微观细部出发，揭示现象背后隐含的共同逻辑。

具体操作上，本研究的研究问题是日本的社交媒体平台权力如何受到制约和规范。提出的假设为，日本的社交媒体平台发展过程中，既有社会结构下的法律制度、市场规则和社会规范一定程度上消解了社交平台的权力扩张，社交媒体平台通过明确平台属性、调整平台规则、完善架构设计使平台运作与其所处的社会制度规范相适应，社会制度规范也为适应平台和数字经济的产业发展进行相应的规制调适。

基于上述研究问题，本文的论证方式是多种途径收集数据、文本等经验材料，包括新闻报道的网络文本、《日本经济新闻》数据库、《朝日新闻》数据库等新闻档案，从中挑选能够说明日本社交媒体平台与社会制度动态博弈的典型和代表性案例，将案例与研究问题对接，论证社会政治、经济、文化要素对日本社交媒体平台权力的制约过程。

本研究的分析对象是日本具有影响力的几大社交媒体，包括国际性的社交媒体平台"脸书"（Facebook）、"推特"（Twitter）等，以及日本本土大型社交媒体平台公司"连我"（LINE）、"雅虎日本"（Yahoo！Japan）等。其中以雅虎日本作为核心案例，其他作为补充论据。将雅虎日本作为核心分析对象的原因在于：

首先，雅虎日本相关案例能够覆盖本研究分析维度与讨论议题，具有代表性。雅虎日本作为日本最大的互联网平台公司，其旗下的 LINE，Yahoo！News 等社交平台在日本使用率极高，当然，本研究也同时关注在日本具有影响力的跨国社交媒体平台 Facebook，Twitter，通过补充对比完善研究。

其次，雅虎日本作为日本本土最大的互联网平台巨头，具有一定的典型性，能够体现"某一类别的现象或共性"（王宁，2002）。雅虎日本身上的问题集中体现了日本社交媒体平台面临的治理挑战。相较其他跨国社交平台公司来说，雅虎日本与日本社会的互动更能说明日本的平台治理特色。

最后，分析雅虎日本的经验材料相对充分，具有一定可操作性。雅虎日本在日本有巨大的社会影响力，也相对更重视平台自治，因此，能够从公开渠道获得大量素材和数据，包括新闻报道、企业社会责任报告、平台透明度报告等。这些素材为本文的论证提供经验材料支撑。

二、比较研究

比较研究是将两种或者多种事物或者物体进行比较，从而发现其相似性与差异性的分析手段（欧阳康、张明仓，2001）[209-210]。与深描对立，比较性描述往往关注案例之间的可比部分，用以辨别在相同或不同的外部条件下，同类事物的变化差异或不同事物的特征差异。

本文采取不同时空维度下的纵向比较和横向比较。纵向比较指从历史变迁的视角考察案例，突出历史具体性，考察日本社交媒体平台出现前和出现后，其社会政治、经济和文化要素的规制调适，从而把握社会制度变革的内在过程及其背后的社会制度逻辑，"探究表象与底蕴之间是如何保持'适度张力'的"（折晓叶，2018）。

横向比较则将考察视角延伸至全球不同社会制度下的社交媒体平台治理模式特征，在同类事件或治理议题中关注其相同点或差异性，包括一定社会制度下，为什么有的成了超级平台，而有的没有出现这样的特征，从而对平台权力发生的限制性条件进行说明。

三、政策文本分析

作为政治系统输出的政策不仅体现在部门规章中，还往往以条例、法律、法令、法庭裁决和行政决议等方式呈现（艾尔、拜伦，1992）[32]。政策的文本形式被看作是政治目的的表达，是对政策制定者打算采取的行动方针的说明（涂端午，2009）。所以，政策文本分析可视为一种文本分析方法，它汇集了各种理论角度与学科背景对法律、法规以及政府文件进行分析，从而找出文本中存在的作者宗旨。

本文的基础政策文本材料来源如下：①相关法律文书和司法案例解释；②日本总务省、经济产业省等政府部门的研究报告、倡议书等公文；③相关行业组织和团体制定的针对性指南、方针等官方文本；④社交媒体平台的用户协议、隐私条款等文本。通过对政策文本的广泛收集、梳理和分析，能够还原政策制定和政策调整过程中相关治理主体的责权界定、角色功能、价值定位等变化，实现对日本社交媒体平台治理所处的宏观社会历史脉络和规制环境的解读。

第五节　研究框架与技术路线图

第一章为序章，论述本研究的研究背景和问题意识，并对现有文献进行综述，说明本研究的知识创新、研究方法，搭建分析框架。

第二章从历史制度主义的视角出发，分析日本社交媒体平台的发展演进历程，并在此基础上提出"风险冲突—治理调适"的分析框架，尝试描述日本社交媒体平台角色功能和治理变迁的动态转型过程。

第三章主要探讨了日本社交媒体平台如何进行角色界定和治理调适，实现维护表达自由的价值诉求的过程。本章首先论述了作为网络信息中介的社交媒体平台在内容表达上应承担的法律责任，并且以雅虎日本对平台内诽谤中伤言论的治理为例，讨论了区分对待平台所具有的"媒体"和"网络信息中介"的双重属性的必要性。最后探讨了符合日本社交平台的角色属性及其合作规制模式。

第四章从平台用户权利保护的角度，以日本个人信息保护为例，考察了日本社会从限制社交媒体平台权力扩张，到规范社交媒体平台权力发展的过程。本章首先介绍了日本个人信息保护的法律规制及其局限性。其次分别考察了"平台数据权力规范"和"平台算法权力制约"过程中，从法律规制到合作规制的规制调适，认为自下而上的社会规范压力、自上而下的产业发展诉求，以及作为商业主体的社交平台公司市场发展的需求，共同推动了日本建立以保障用户权利为核心的个人信息保护与合理使用的合作规制模式。

第五章从"青少年使用社交媒体平台"这一特定情景出发，从平台生态系统的视角考察了社交媒体平台青少年模式有效化的过程。本章首先介绍了在功能手机时代，日本政府以"通过设计保护青少年"为理念建立了功能手机规制行动者网络，推动内容过滤青少年模式有效化。接下来描述了智能手机对功能手机的替代使既有规制网络失灵，政府及其他治理主体通过重新调整协同关系，重构合作规制网络的过程。

第六章结合第三章到第五章的案例讨论，为未来社交媒体平台治理合作规制的制度设计提供了经验方向。本章首先比较了中日两国的社交媒体平台在角色定位、演进逻辑和治理主体参与方面的差异。其次从合作规制的视角，对社交媒体平台治理的行动者网络中，政府、社交平台、行业协会、社会规范等多元行动者的角色功能、规制工具和价值诉求进行总结，并对各方行动者之间的互动关系开展讨论，为实现合作规制的制度设计搭建了一个可执行的制度框架。

在结语部分，作为全篇的研究结论，本研究提出，针对社交媒体平台的不同角色属性，采取分层治理路径，从规范平台权力的视角开展社交平台治理，提出在平台生态系统的基础上构建社交平台规制行动者网络的治理建议。

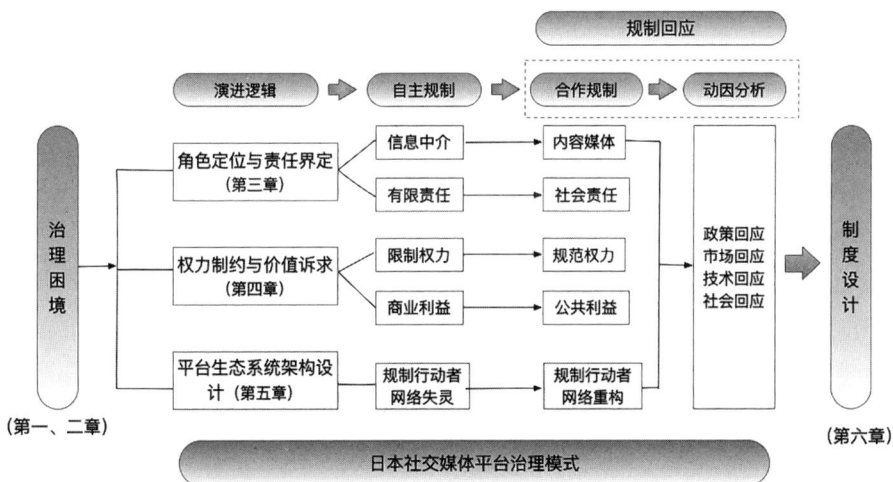

图 1-1　技术路线图

第二章　日本的社交媒体平台：权力崛起与治理调适

考察日本社交媒体平台发展及其权力崛起带来的社会风险，是探究日本社交媒体平台治理演进逻辑的前提。从历史制度主义的分析视角出发，即强调历史发展脉络对治理制度的塑造作用，特定的社会文化环境形成平台治理的特定偏好，适用于解释日本社交媒体平台角色变化和治理方式变迁中的行动自主性或能动性。在此基础上，本章提出了"风险冲突—治理调适"的分析框架，从不同维度考察同时作为规制主体和规制客体的社交媒体平台，尝试将日本社交媒体平台的角色功能和治理变迁的动态转型过程描述得更加全面、立体。

第一节　日本的社交媒体平台：历史制度主义视角下的分析

1989 年之后的 30 多年间，日本社会最迅猛的变化发生在信息化领域。新媒体发展迅速，家用电脑、网络、手机、搜索引擎、维基百科、视频网站、博客和社交网站（SNS）等社交媒体和智能手机等纷纷亮相，而这些信息化产品的出现，极大地改变了人们的沟通方式和生活方式。在各种信息通信技术中，互联网是一项具有高度"生成力"（generativity）的技术（ジョナサン·ジットレイン，2009），可以带来种种开放式创新，每隔几年其服务和商业模式都会被大幅刷新一次。与政治、教育和社会保障等不同，很难找到一个稳定的着眼点对信息领域的制度性演进进行描述。

日本互联网的发展大致经历了"互联网基础设施信息化"（1995—2004年）、"加拉帕格斯化的日本媒介生态"（2005—2009年）和"多层次化的平台生态"（2009年至今）三个阶段。将日本社交媒体平台的演进历程放在日本互联网发展这一更宏观的历史脉络中进行考察，可以发现日本社会未能形成垄断性的社交媒体平台，是由其特殊的历史文化情境决定的。

表 2-1 日本社交媒体发展简况

时间	国际	日本	事件
1995 年	Yahoo！		Windows95 发售
1996 年		Yahoo！Japan	
1998 年	Google		
1999 年	Blogger	2channel	i-mode
2003 年	Myspace（SNS）	Livedoor（blog）	
2004 年	Facebook（SNS）	Mixi（SNS），Gree（SNS）	
2005 年	YouTube		
2006 年	Twitter（SNS）	Niconico 动画	Livedoor 事件
2007 年			iPhone 发售（日本为 2008 年）
2011 年		LINE	日本大地震
2013 年			网络选举解禁

一、互联网基础设施层的信息化：1995—2004 年

在信息化建设早期，宽带基础设施（固网）和 i-mode 等移动电话基础设施（移动网络）的应用以低廉的价格在日本得到普及。近 30 年中，日本的互联网和智能手机普及率发生了惊人的变化。根据日本总务省《通信使用情况动态调查报告》，日本互联网的家庭普及率在 1996 年仅为 3.3%，2002 年之后超过 80%。

1. 网络基础设施：从"电话网"到"互联网"

说到网络基础设施，电话时代持续了很长时间。电信 / 电话是建设现代化国家必不可少的基础设施，因此所有实现了现代化的国家无一例外都将之定为国策，（依靠国有企业）进行了固定电话网络的建设。日本电信电话公社 NTT 从 1984 年开始实施的图文电话信息网，是一项通过电话线路对文字与图像进行处理并将结果显示在电视屏幕上的系统。当时，该系统与传真机一起，作为"多媒体"或者"新媒体"被大张旗鼓地宣传。进入 20 世纪 90 年代之后，互联网将可视图文系统等"多媒体"和"新媒体"驱逐出市场。

1983 年，日本互联网之父村井纯从美国带回调制解调器，实验性地把东京工业大学、庆应大学和东京大学的计算机串联起来，创办了日本最早的学术计算机网络，命名为 JUNET（Japan University Network），目的是连接学术机构和学术组织间的科研活动，由此揭开了日本互联网时代的序幕。

从 20 世纪 80 年代末到 90 年代初期，互联网除了用于学术研究，还开始应用于商业领域。1988 年，由日本产业界和学术界共同开发了基于 IP 技术连接的 WIDE（Widely Integrated Distributed Environment）网络。同年，日本通信巨头 NTT 开设了全世界第一个商用 ISDN 网络。不久，与互联网配套的电脑操作系统 Windows95 问世，并在市场上获得巨大成功。

2. 宽带普及：高度信息化社会建设

21 世纪初，日本政府迅速扩大国内的宽带普及率，尤其是在山地大范

围铺设宽带网。从日本总务省发布的一份评估报告中可见，日本宽带的价格和网速都位居世界前列。日本宽带基础设施能够迅速发展得益于 2001 年日本内阁推进建设信息通信高度网络化社会战略总部（IT 战略总部）制定的"e-Japan 战略"。其中明确："在 2006 年以前，日本要建成能够同时满足3000 万住户持续上网的网络环境。""e-Japan 战略"采取国家主导的形式，消解了具有浓厚官僚企业色彩的大型通信企业 NTT 的市场垄断，促进了软银（Softbank）等新生力量的加盟，刺激了日本企业之间的自由竞争。1996 年，日本家庭使用互联网的比例只有 3.3%，直到 1998 年才超过 10%。然而，在日本政府推进高度信息化社会建设后，宽带普及率在 2001 年达到 60.5%，2002年达到 81.4%，日本全面使用互联网可以说是从 2000 年以后开始的。

3. i-mode：只要一部手机就能上网

20 世纪 90 年代，日本个人电脑和互联网仅局限于部分发烧友使用，但现在却成为极其普遍的信息手段，有超过八成的日本人使用移动互联网，这在很大程度上归功于雅虎宽带（Yahoo！BB）和移动上网服务 i-mode 的普及。

i-mode 是 NTT DoCoMo 于 1999 年推出的移动上网服务，在当时被称为全世界最成功的移动上网模式。2001 年，NTT Docomo 开始提供世界上首个3G 服务——FOMA，其计费模式以封包（下载量）为单位，大幅降低了使用者的上网费用，使移动互联网在日本得以加速普及。此后，日本各大电信运营商纷纷跟进，开展移动互联网服务，功能手机使用者人数呈直线上升态势，2000 年超过 2600 万，到 2001 年超过 4800 万。而类似服务在其他国家得到普及，是很长时间之后的事情。比如美国，能在手机终端上浏览网页是 iPhone等智能手机普及之后的事。

此外，以 2003 年为界，日本采取的"话费包月"的收费体系也提高了手机移动网络的使用率。因此，日本在早期就建立了良好的移动上网环境和移动上网文化，只要有一部手机，基本就能完成网上信息检索、购物、支付等多种生活服务。

二、"加拉帕戈斯化"与日本社交媒体的独特生态：2004—2009 年

博客（blog）于 1999 年在美国推出后，2003 年左右开始在日本普及，用户范围覆盖名人、运动员和政治家等。此后，Friendster 和 Myspace 等社交网络服务（SNS）分别于 2002 年和 2003 年在美国相继推出。几乎同一时期，日本本土 SNS 服务 Mixi 和 GREE 也开始运营（2004 年），并且用户数量不断增加，特别是 Mixi[1]，在日本一经推出便收获了大量的用户。

Web2.0 的推进使网民成为网络应用的主体，Mixi 熟人邀请注册的会员制度及其社区功能使拥有相同兴趣或属于同一地域、同一组织的"熟人社交"成为可能，带来了人与人之间的"社交图谱"和"兴趣图谱"两种类型的连接（根来龍之，2006）。截至 2006 年，Mixi 的注册用户达到 480 万，是当时日本用户量最大的社交媒体公司。与此同时，Facebook 和 Twitter 漂洋过海来到日本，但由于 Facebook 等海外社交媒体与 Mixi 功能趋同，即使 Facebook 投入重金想要打开日本市场，但本土化并不理想。到了 2010 年，Mixi 在日本的用户数高达到 974 万人，是同一时期 Facebook 用户的 3.5 倍左右。

2005 年，视频网站 YouTube 在美国诞生。2006 年，日本最大的线上弹幕影片分享网站"Niconico 動画"开始提供网络视频服务和网络直播服务，用户在"Niconico 動画"平台以"发弹幕"的形式进行创造性内容生产，形成了日本独特的二次元网络文化。

日本学者滨野智史用"加拉帕格斯化"形容日本独特的互联网产业生态，认为在苹果手机为代表的智能移动设备出现之前，日本电信运营商通过推广复杂精巧的翻盖手机（kei-tai）和 i-mode 模式垄断应用程序市场。并且，以 Mixi 为代表的本土社交媒体的另类形式和生态均使"日本国内过分专注于独立发展，而在国外失去竞争力"，日趋加拉帕格斯化（滨野智史，张晨，

---

[1] 2004 年上线运营，曾经是日本最大的社交网站。用户可以收发电子邮件、写日记、发表书评等。Mixi 采用熟人介绍邀请制入会，因此用户之间存在紧密的社交联系。

2020)。正因为上述独特的社会文化背景，日本早期的社交媒体市场以国内本土 SNS 服务为主，其功能专注于社交、社区以及创造性的内容生产活动，并未出现和形成具有强大社会影响力和市场垄断性的社交媒体平台。

三、Society5.0 与多层次化的平台生态：2009 年至今

2007 年，苹果公司发布 iPhone 正式开启了移动互联新阶段。与传统手机和功能手机相比，iPhone 拥有更大的屏幕和更高的信息处理能力，为人们随时随地在社交媒体上浏览和发布信息提供了物质基础。移动互联网最重要的改变就是人们的互联程度，而智能手机的普及应用导致社会联结程度日新月异。2011 年，日本大地震的发生使 LINE，Facebook，Twitter 等海外社交媒体在日本迅速发展，依托智能手机的社交平台满足了人们在灾难时使用电话确认家人安全、获得救援信息等信息发布和共享的需求。

2016 年左右，以人工智能、云计算和 5G 为代表的智能化技术不仅实现了人与人之间的互联互通，也使人与物、物与物的交互成为可能，海量数据成为社会发展新的驱动力。"Society5.0" 是日本政府在 2016 年推出的《第五期科学技术基本计划（2016—2020）》中提到的新型社会形态。具体而言，是指人类社会发展从"狩猎社会"（Society 1.0）到"农耕社会"（Society 2.0）、"工业社会"（Society 3.0）、"信息社会"（Society 4.0）逐步进化，未来将演化为一种新的"超智能社会"（超スマート社会）形式。它的终极目标就是依托物联网、人工智能等技术，将网络空间和现实物理空间结合起来，让所有的人，无论年龄、性别、地域、语言，都能够在必要时享受到优质的产品和服务，以解决人口老龄化和劳动力短缺这一社会难题，并最终建立起以人为核心的新社会。

根据日本总务省社交媒体使用率的调查，日本主要的社交媒体使用率在 2016 年达到 71.2%。使用最多的是 LINE，在 20—30 岁的青年中使用率为 96.3%，20 岁以下的使用率为 79.3%。而日本本土社交媒体 Mixi，2012 年在 20—30 岁人群中使用率为 48.8%，仅次于 LINE。但 2016 年使用率下降到 13.4%。20 岁以下的年轻人更多使用 Twitter，而 30—40 岁人群更多偏向使用 Facebook。

由此可见，日本社交媒体呈现诞生和消失的接替性发展，并且拥有不同

的用户群。这就使日本社交媒体市场很难存在和发展出一个大的垄断性平台。面对巨大资本的竞争和全球化背景下异质媒体之间的相互影响，日本媒介学者远藤薰将报纸、电视、广播、互联网等不同媒体叠加且相互融合的媒介环境称为"间媒介社会"（遠藤薫，2014）。"间媒介社会"的最大特点是信息的反向流动。大众传播时代，信息由大众媒体向受众单方向传播，而"间媒介"时代则呈现了用户生成内容影响大众媒体的融合状态。这也表明，在日本的媒介环境中，社交媒体并非垄断，报纸、电视等大众媒介仍然发挥着影响力，间媒介社会作为日本独特的媒介生态，呈现了大众媒介、网络媒体、本土社交平台和海外有影响力的社交平台等多重媒介应用相互交织重叠的复杂场域。

第二节　权力崛起：社交媒体平台自治及其风险

在虚拟空间和物理空间深度融合的"Soceity5.0"时代（沼尻祐未，2021），互联网深度嵌入社会结构的网络空间特性大大提高了社交媒体平台治理的复杂性和专业性，也很大程度上颠覆了传统政府直接监管的前提和基础。面对政府规制的"信息赤字"问题，已有学者提出，尽管不能忽视政府制定法律维护网络内容安全的责任，但同样需要建立包含公共机构、私人部门和个人网络用户的多层治理方式（Akdeniz & Review，2001）。当社交媒体平台渐渐成为汇聚海量信息内容，汇集众多内容生产者与接收者的信息枢纽时，它就深度介入网络内容的制作和发布中，并在某种程度上拥有介入社会中信息流动的功能和力量。

一、社交媒体平台成为网络空间治理中的重要主体

1. 社交媒体平台成为信息社会中的基础设施

随着社会演变和技术发展，网络空间治理中对"网络信息中介"（internet

intermediary）的关注不断提高。经济合作与发展组织（OECD）于 2011 年界定网络信息中介为"在互联网上聚合或促成第三方当事人之间的交易。他们提供由第三方当事人发起的接入、存储、传输、索引内容与产品及服务，或提供基于互联网的服务给第三方"（张小强，2018）。社交媒体平台自身不制作内容或者不以制作内容为主要目的，它的主要作用在于为各种信息与服务的线上线下互动交流提供机会与通道，同时也是沟通信息供给方与需求方的重要网络信息中介。当今，社交媒体平台已成为数字传输系统的关键行动者，为用户自我生产和分享信息提供数据服务，同时对在线传播构成约束，在网络空间治理中扮演"在线看门人"（Online Gatekeeper）的角色，传播控制权日趋强大。

范迪克等学者把当今依靠平台运行的社会称为"平台社会"（platform society）（Van Dijck et al.，2018），认为当今社会、经济和个人之间的沟通很大程度上是由线上的平台生态规划的，平台在信息社会中迅速扩张，已然成为基础设施（infrastructure）般的存在（Plantin & Punathambekar，2019）。其中，社交媒体平台的"技术—社会"特性使其作为第三方平台能够与用户的内容生产直接关联，并通过控制海量数据和先进算法决定信息的流速和流向，这一基于代码的技术架构和逻辑使社交媒体平台具备了对其聚合内容进行管理的权力。

2. 基于基础设施属性的社交媒体平台权力生成

网络空间中，构成软件的源代码，以及由软件组成的复杂系统设计有效地约束了人们的行为（沼尻祐未，2021）。社交媒体平台是网络空间信息流动架构的设计者和拥有者，这一技术结构决定了其网络空间的基础设施属性，也就拥有了为社会行为体赋权的属性，即社交媒体平台拥有极大的社会权力，这一赋权过程引起网络空间权力结构的变化，有学者认为，网络平台正在成为网络空间结构中新的"私权力"（周辉，2016）。马克思·韦伯认为，"权力意味着在一定社会关系里，哪怕遇到反对也能贯彻自己意志的任何机会，不管这种机会是建立在什么基础之上的。"（马克斯·韦伯，1997）[81]。权力本身就是一种社会关系，权力主体可以利用其所掌握的各种资源对他者施加强制性影响力、控制力，驱使或者强制他者按照其意愿和价值标准去做或者不做

（郭道晖，2006）。从这个意义上说，社交媒体平台的私权力表现在其通过对技术、数据和服务的资源掌控，对平台用户乃至整个社会公共服务进行支配和影响的能力。

正因为社交媒体平台在网络信息传播中的主体地位，其也成为网络空间治理重要的规制主体。科林·斯科特（Colin Scott）认为，要占有规制权并有能力实施规制，需要有相关的资源（科林·斯科特，2018）[31]。网络空间治理中，治理资源呈现分散化或碎片化的样态，这种样态源于互联网的"分散"结构。因此，治理资源不限于立法等正式的国家权力，还包括信息、数据、技术等方面的能力。显然，社交媒体平台可以结合其拥有的信息、技术和数据资源，获取相当大的非正式权力，这种权力甚至对正式规则的形成或实施结果产生重大影响，平台权力因社交平台占据关键性资源而产生。如互联网治理资深学者劳拉·德拉迪斯（Laural Denardis）所言："无论是好是坏，委托审查、监管、版权执法和法律实施实际上已经由私营企业和非政府机构在承担治理工作。"（劳拉·德拉迪斯，2017）[15]

二、社交媒体平台自治：优势与风险

从权力视角来看，社交媒体平台运营主体在与平台用户达成用户协议过程中，主要是把法律这一公共性质和抽象的"社会契约"变成私人性质和特定的"私人契约"（张小强，2018）。同时，社交平台针对平台内的违规行为设置不同程度的处罚措施，如封禁用户账号、删除违法不良信息，或者通过算法技术改变信息排序规则等方式对用户行为进行约束。平台自治在一定程度上具有很大强制力，平台用户只能选择接受平台制定的规则或离开平台。因此，网络空间治理的实现依赖于社交平台的自我规制。

1. 社交媒体平台自我规制的优势

社交媒体平台自治，是指认为企业可以通过整合行业自律规范和制定自我规制规则，塑造和约束用户的具体实践，从而规制网络上的信息流。社交媒体平台自治的实质，是将用户权利和公共管理公权力私有化。自主规制的优势如下。

第一，社交媒体平台掌握治理所需要的信息与资源，其制定的规则可以直接作用于规制对象。网络空间治理面临的问题是，信息技术的急速发展使治理问题变得复杂化和专业化，传统命令控制型的政府规制可能会因过度规制或错误规制而妨碍企业技术创新和互联网产业发展。此种情况下，社交平台掌握的信息和资源既是平台权力的来源，也是网络治理的资源。与滞后的政府直接规制行动相比，平台能够在第一时间对所发生的一切进行监控并采取应对行动，也可依据所拥有的资料，预测并防范。

第二，社交媒体平台熟练掌握了网络内容治理所需专业技术，能更精准地把握问题所在和应对措施，治理手段更有针对性。网络信息内容的海量、瞬时和互动的传播特征决定网络空间的内容治理对技术的依赖性要高于对人工的依赖性，其中大部分信息甄别和屏蔽技术由社交平台上的企业掌控。社交平台使用关键词自动识别、内容过滤、算法推荐等技术手段，能够有效快速识别平台内的违法不良信息，并采取有效措施阻断其传播，维护网络空间内容传播的良性秩序。

第三，社交媒体平台自治可以克服国家主权管辖方面的限制，在全球范围内开展网络空间治理。去中心和超国界成为网络信息传播的显著特征，社交平台公司通常拥有跨国业务且业务范围涉及多个国家和地区，用户遍布全球各个角落。因此，可采用服务协议和社区守则等方式在全球进行内容规制。

2. 社交媒体平台自我规制的风险

社交媒体平台主导的网络空间内容治理既有许多优势，也存在很大风险。吉尔斯皮认为："平台概念具有鲜明政治意涵，社交媒体公司借此把自己装扮成中立服务者，是在掩饰自己的实际影响力，有意回避商业本质和治理责任。"（Gillespie，2010）社交媒体平台自主规制的风险表现如下。

第一，私人利益与公共利益的冲突。网络空间治理需要以公共利益为基本导向，而社交平台本质上是以逐利为目的的商业机构，其核心追求是企业商业利益的最大化。因此，作为私人主体的互联网平台运营企业即便参与网络空间治理，出发点也是维持自身良性运转。在社交平台基于平台用户协议对用户行为进行约束的过程中，平台运营主体既是规则的制定者，也是管理的执行者。而且其独立制定的内容审核标准和所采取的监管行动不一定与公共利益完全一致，这就不可避免地包含了私人利益考量，威胁公民的表达自由或助长网络侵权行为。有些平台可能会以承包收益来衡量自己未履行义务的结果，在发现风险低于由此获得的收益时就可能会自愿选择不履行义务。

第二，判定及处置不良内容的能力与经验不足。社交平台可以对违规内容进行处置，在治理实践中，平台对内容的处置很大程度上依赖人工审核或算法技术进行复杂的价值判断。但社交平台运营主体对于信息内容是否违法、是否有悖于公序良俗的评判经验及能力不足。而且，由于并没有统一的处理标准，为避免因内容管理义务不落实而被惩罚，平台通常会选择缩紧内容管理尺度，对于涉及敏感话题或者难以确定能否披露的内容直接截获，从而逃避行政处罚，这可能会侵害公民表达权利。

第三，内容分发过程中的算法和价值偏向。社交平台通过代码编程等技术手段，可以将企业意志融入技术的设计架构中，表现为数据信息采集、使用和分享的不透明与不规范，而这一操作很难让用户察觉。有价值偏好的社交平台可以使用算法机制甄别出那些并不被看好的消息，并特别展示其偏好的看法，操控搜索结果并向用户强行叠加其价值观。

第四，社交媒体平台自主规制的合法性和正当性存在缺陷。社交平台以私主体身份参与管理的性质不能等同于行政机关管理的合法性、正当性。在实施自主规制过程中相伴而生的副作用主要有侵犯公民权利，模糊政府责任和危及公法价值。

三、社交媒体平台治理的合作规制路径

认可社交媒体平台具有的能力与非正式的规制权力，有助于我们更好地理解平台如何自我规制和利用这些能力。当前，无论是以政府为主体的直接规制，还是社交平台的自主规制，都无法满足网络空间治理的规制需求。面对社交平台自我规制可能产生的风险，合作规制有四点优势：第一，在社交平台自我规制方面，平台企业谋求其商业利益最大化，对实现公共利益的激励保障不足，在合作规制方面，政府采取多种规制手段进行干预能够促使社交平台采取自我规制的方式达到公共规制的目的。第二，合作规制能够为社交平台自治提供更多的正当性，对社交平台的内容规制和执行赋权。第三，政府以一定手段参与社交平台自治，有助于提高透明度。平台自治中，社交

媒体运营公司没有将平台治理的相关信息披露给用户的正向激励制度，政府以立法、行政命令等规制手段，要求平台按时提交透明度报告等，以此激励社交平台治理的透明和公开。第四，社交媒体平台自身在执行规则时不具有足够的权威和权力。合作规制背后有明确的法律支持，具有一定程度的强制力。因此，尽管规则执行由平台完成，但因获得了政府授权而具有权威性。

对社交媒体平台的合作规制成为网络空间治理的必然选择，有学者从资源依赖、资源交换和规则确立三个方面校正合作规制的适用需求。首先是资源依赖，即要明确多元规制主体分别具有的规制资源基本性质，突出互补性资源方面的协作，从而在协作交往中发挥资源依赖效力。二是资源交换，即厘清互补性资源交换中多元规制主体的谈判范围、模式和谈判事项的内容，从而发挥合作规制中谈判决断的效力。再次，规则确立是对多元规制主体所涉及的合作行为的内容、模式、对象、利益，以及相关制度结构等合法性基础进行探索，并在合作交往中完成对行为规范的必要设置，从而起到合法性引导的作用（赵谦，2020）。基于上述合作规制路径，本研究确立了社交媒体平台合作规制的分析框架，在第三节具体讨论。

第三节　治理调适：合作规制的路径选择

社交媒体平台具有治理主体和被治理客体的双重属性，其治理难点在于如何有效利用自主规制的优势，同时对自主规制可能产生的风险进行规避。合作规制理论为本研究提供了研究起点。根据合作规制理论，被规制者可能同时成为规制者。表现在：被规制者可以通过对规制者的影响俘获规制，从而在事实上成为规制者；被规制者可以通过与规制者合作，参与规制的制定和实施；被规制者可能同时作为规制主体对其他被规制者施加规制。这意味着，规制权力不再集中于国家公权力机关，而是被分散到社会和市场的多方行动者中。规制者与被规制者之间的关系不再是单一的"命令—控制"关系，而是多种类多层次的。规制视角下社交媒体平台的双面性表明，国家规制权力被平台分散，要从多层次分解不同主体间的规制关系。

一、合作规制：一个规制模式

规制（regulation）的概念源自控制论，即控制系统科学。《日本国语大辞典》将"规制"定义为"通过规则使事情保持有序，用规则来限制行为"。[1] 学术研究中，规制的使用存在泛化倾向。规制的经济学分析倾向遵从经济思维，明确划分规制和市场的界限，将规制看作"依据一定的规则，对构成特定社会的个人，以及构成特定经济的经济主体活动进行限制的行为"（植草益，1992）[1]。而法学研究主要集中在规制组织之法律架构，规制所拥有之法律控制以及规制程序之法律架构三个方面，日本行政法学家原田大树认为，规制是指"根据国家法律设定的行为义务，在没有得到每个个人许可的情况下，对其活动进行一定的制约，形成侵害或者限制该权利或利益的作用"（原田大树，马可，2008）。政治学更多关注公共事务中规制政策的形成和政策工具的使用，强调"政府对社会的干预"（風間規男，2008），其在我国含有管理、监管乃至规范之意。

可以看到，关于规制的话语成为经济学、法学以及公共政策研究的共同实践，"规制学者对其研究目标并没有达成一致意见"（科林·斯科特，2018）[113]。随着政府、规制实务界和学者关切的发展，规制研究的基础视角已发生相应改变，布莱克将规制视作跨学科和交叉学科的研究领域，对其做了更宽泛的概念界定，认为规制是"有意使用权力，按照既定标准利用信息搜集行为和其他修正工具对他方行为施加影响"（Black，2001）。本研究遵循布莱克关于规制这一定义，即规制的终极目的是引导或规范企业，组织个人行为活动，从而达到预定公共政策目标。

---

[1] "规制".日本国语大辞典. Japan Knowledgeonlinedatabase.https://japanknowledge-com.ezoris.lib.hokudai.ac.jp/lib/display/?lid=2002010dfc1f5omijt2Z.

1. 直接规制、自我规制与合作规制

根据植草益的规制公私二分理论，可以按照规制主体不同对规制进行划分，一般将市场作为一端，倾向于认为纯市场机制下是无规制的；将国家作为另一端，即所谓传统或直接规制（direct-regulation）；两者之间为替代性规制，主要指产业界的自我规制（self-regulation），以及国家和社会协作的合作规制（co-regulation）。

（1）直接规制

直接规制也被称为"公规制"（植草益，1992）[24]，指由社会公共机构直接介入市场机制，一般"由司法机关、行政机关以及立法机关进行的对私人以及经济主体行为的规制"（植草益，1992）[1]。所以直接规制的形式有如下三方面：一是立法机关（国会和地方议会）对行政机关、公企业的行为（执行预算等）进行监督。二是行政机关（内阁、行政部门和地方公共团体）根据反垄断法、事业法、其他产业法和劳动法等法律做出的调整。三是司法机关（法院）依据民法、刑法等进行的规制（植草益，1992）[1]。也就是说，国家规制可以划分为立法规制、行政规制、司法规制等三种形态。其中，我们常说的政府规制（Government regulation）严格意义上可以划分在行政规制的范畴中，通常指政府使用"命令－控制"型手段（Black，2001）进行的规制。

（2）自我规制

自我规制也叫"私规制"或"自治"，其范围可以从非政府主体实施的任何规则，到由被规制者自身制定和实施的规则（鲍德温等，2017）[163]。原田大树认为，自我规制作为一种政策手段，是"某个个人的法主体的权利和自由以受到外部影响为契机，主动采取的为了实现公共利益的适合的行动"（原田大树、马可，2008）。这一定义强调企业个体的自律。除此之外，行业组织或协会也是重要的自我规制主体。如生贝直人引用英国通信办公室对自我规制的定义，认为自我规制是"在没有政府或监管机构正式监督的情况下，行业集体管理公民、消费者的问题，以及其他监管方针的解决方案。对于商定

的规则，并不存在事前明确的法律强化措施"（生贝直人，2011）[25]。因此，自我规制强调企业私主体或组织对自身、自身成员施加的规范和控制，包括团体自律模式、团体参与模式、监察认证模式和诱导模式（原田大树、马可，2008）。

（3）合作规制

合作规制处于直接规制和自我规制中间，其典型表现为政府规制和非政府规制相结合。欧盟在 2003 年的欧洲议会和理事会决议中，将合作规制定义为"将立法机构确定的目标留给在该领域运作的行为主体（经济行为者、社会伙伴、非政府组织、社区等）实现的机制"（EPCC，2003）。英国通信办公室则认为合作规制"包括自我规制和法律规制的要素，是公共机构和行业共同管理落实某一特定问题的解决方案，其中，责任分担的方式多种多样，但通常情况下，政府或监管机构需保留必要的强制力以达成目标"（Ofcom，2008）。

虽然目前对于合作规制这一概念在内涵及外延上还未达成一致认识，但是可以确定，它较自我规制及直接规制有如下几个特点：第一，与依靠民间自主倡议的自我规制相比，合作规制保留了政府在制定监管内容和执行方面的强化措施，因此可以被看作是一种政府机构参与度较高的规制方式。第二，合作规制不以国家为中心，政府对规制的控制力被弱化，其规制目标需要私人部门采取自治举措来实现。第三，上述规制手段之间并没有明确的界限，特别是自主规制和合作规制的区分，取决于政府参与自我规制的程度和方式。

2. 合作规制的实现方式

通常，由于政府规制不能区别对待市场情况，采用"一刀切"式的僵硬措施，因此很难做到与产业同步，也就妨碍了创新。相应地，企业自我规制虽具有灵活性、低成本和高合规率的优点，但是责任和透明的机制保障不足。为了避免"政府失灵""市场失灵"等缺陷，如何将政府规制和自我规制有效融合就成了现代规制理论研究的中心课题。合作规制作为补充和替代性规制的出现，无疑为规制模式的创新提供了新的路径。

（1）元规制

合作规制的具体形式各异，但核心在于政府等公共机构如何介入企业的自主规制。一些学者把它称为"元规制"（meta-regulation）或者"受规制的自我规制"（regulated self-regulation）（Parker，2002），这是合作规制中具有代表性的一种模式。也有学者把它界定为"外部规制者有意促使规制对象本身针对公共问题，做出内部式的、自我规制性质的回应"（鲍德温等，2017）[167]。

因此，元规制的核心要义是"对私主体的自我规制采取一定程度的公共控制"（生贝直人，2011）[2]，以实现公共机构的规制目标。元规制的外部规制者可在政府做出"明确威胁并说明将来采用的监管与处罚形式时，消除裁量运作，同时还包括奖励或承认自我控制的企业"（Coglianese & Nash，2010），法律"通过介入生产经营者的微观管理，为生产经营者的自律性规制设定外在制度约束、最低要求和绩效标准，又为生产经营者保留相当程度的灵活性，令其在遵守法律的前提下，有可能以最符合成本有效性要求的方式，通过创新企业战略，改革内部质量管理，设定高于法定要求的自律性规范，来更好地保障产品安全"（宋华琳，2016）。因此，相较于传统直接规制而言，元规制能够确保实现公共目标，同时成本更低、技术专业性更高，企业接受度也更高。

（2）合作规制的具体实现形式

一个规制的达成过程通常由创立规则、合作监督和规制实施三个阶段构成（科林·斯科特，2018）[264]。从传统行政法的角度来看，以上三个阶段都是以行政机关为主，合作规制的各方主体对三个阶段都有不同程度的介入（高秦伟，2019）。由此，合作规制呈现出多样化规制形式与具体规制实践。欧盟曼德尔肯（Mandelkern）团队于2001年提出了合作规制的两条道路：一是从上至下的进路，由公共机构确立整体目标，主要执行机制以及对公共政策执行情况的监督方式等构成，并需要私人部门进行干预以定义一整套规则。二是自下而上之路，要求将原来私人伙伴设定的非强制性规则，变成公共机构设定的强制性规则（邹焕聪，2013）。

尽管如此，判断某种规制是否能划归合作规制依然很困难。生贝直人认为，直接规制、自主规制和合作规制之间并没有明确的分界，特别是对于自我规制和合作规制来说，政府介入自我规制的程度和明确性的强弱在一个连续的平面上（生贝直人，2011）[25]。赫尔德等提出了四个标准用来划定合作规制中国家涉入的程度：第一，其建立是为了达成公共政策目标。第二，非国家规制和国家规制之间有法律关联。第三，国家保留对非国家规制的自由裁量权。第四，为保证实现规制目标，国家动用规制资源去影响规制结果等（Held & Scheuer，2006）。

按照赫尔德等的标准，生贝直人（2011）根据国家在合作规制中的涉入方式和涉入程度不同，将合作规制分为五种类型。

第一，政府介入自我规制规则的制定。如，制定法律对特定的行业组织或企业赋予制定自我规制规则的法律义务。政府可以通过鼓励设立新的自我规制组织，或对现有的行业组织提供人力、财力支持的方式，鼓励行业组织遵循法律义务对相关企业进行监管。当然，如果不存在强有力的具有一定集中规制能力的行业组织，公共机构也可以将对企业自我规制的免责设计嵌入法律政策中，激励企业自治。如本研究第三章讨论的日本《网络服务提供者责任限制法》对企业免责要件的规定。

第二，政府为企业自我规制制定一定的标准和目标，以确保自我规制的公平性，以及能够充分实现政策目标。此种情况下，政府一般会以"认可"的方式对企业自我规制规则的适当性予以正式批准。即便没有官方认可，政府也会提供一定的标准，指导企业制定自我规制规则。如"规定企业须以何种方式采用何种技术，而企业代表仅能提供咨询意见并作出评论。"（刘绍宇，2018）

第三，政府为保障规制执行而制定惩罚措施，保障企业自我规制的实效性。如在规则形成阶段，尽管以"外包"的形式授权企业和行业组织以自治形式执行规制任务（弗里曼，2010）[VIII]，但也保留一定的行政执法（enforcement）、处罚权限。或原则上以鼓励自主规制为主体，但也强调，如果自主规制不能达到抑制、解决问题的政策目标，会采取政府直接规制的形式确保规制的实际效果，通过一定程度上明示"监管阴影"（规制の影）（生贝直人，2011）[48]，激励自主规制的实施。

第四，政府让利益相关者同时参与并基于共识制定并实施规则（弗里曼，2010）[49-76]，以确保自主规制的透明性。包括政府在规则制定时鼓励第三方机构积极参与，要求企业定期向政府或第三方监管机构提交自主规制执行报告等，确保自主规制的透明性和公正性。

第五，灵活运用作为规制要素的"技术"，确保政府介入的"适用性"。代表性的例子是对行业内自主形成的专业性高的技术标准，政府事后予以追加认可，或将其作为政府起草安全标准的前期基础性文件等自下而上的规制方式（和久井理子，2011）。包括标准制定，如广告业标准、信誉评级标准等，以及私人认证，如对公共机构进行 ISO9000 质量管理体系认证等（科林·斯科特，2018）[98-99]。

本研究重点考察各方规制主体和规制客体如何参与到规制过程中，从而使社交媒体平台的自我规制能够实现政府既定的政策目标的合作规制路径。

二、社交媒体平台的双面性

莱斯格将网络空间治理中决定规制对象行为的要素分为法律、市场、规范和架构四类。其中，"法律规制"包括立法机关颁布法律、行政机构基于法律进行监管，以及法院以法律来定罪。法律规制的规制能力最强，其规制执行的强制力具有重要的威慑力。"市场规制"主要通过价格结构、市场压力等经济要素进行规制，违反市场规制会受到相应的经济制裁或损失。"规范规制"并不是通过有组织或者集中式政府行为来施加外在约束，它是特定共同体成员之间互施的，是一般较轻但是偶有较强惩罚性和规范性的约束。"架构规制"是指组成网络空间的软硬件对于人类行为所进行的监管。它可以是"代码，或软件，或架构，或协议"（莱斯格，2018）[126]，包含了其设计者或企业的决定和价值，对人的行为产生规制。架构的规制能力来源于其存在即有效，通过"环境规制人的行为"（成原慧，2011）。因此，其规制能力既潜移默化又直接有效。

一般情况下，合作规制中的主体包括"规制者"（规制主体）和"被规制者"（规制客体）。规制者是以国家权力支持的公共机构，即所谓的"国家规制"或"直接规制"。被规制者主要为代表市场一方的企业及其开展的自主规制。网络空间治理中，社交媒体平台权力的崛起使"自主规制"本身具有双面性，社交平台既是自主规制的主体，其自主规制本身也是被规制的客体。参照生貝直人（2011）和莱斯格（2018）对网络空间治理中规制要素的分类，社交媒体平台的合作规制框架如图 2-1 所示。

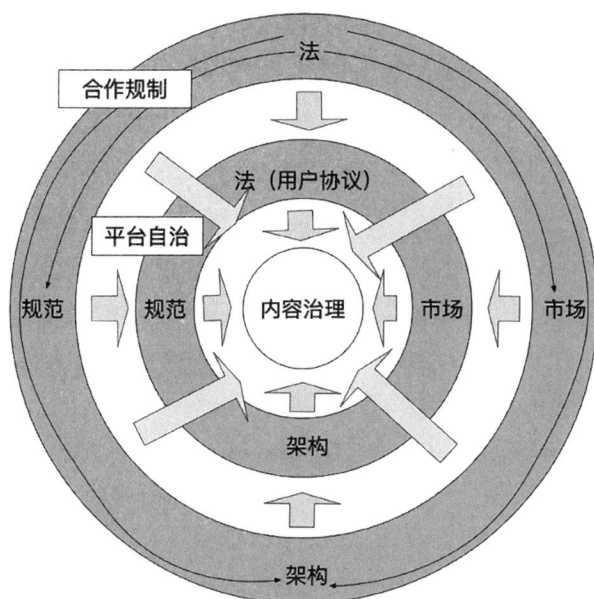

图 2-1　社交媒体平台治理的合作规制框架

　　图 2-1 呈现了合作规制中的三层关系：第一，作为规制主体的社交媒体平台自主规制。第二，作为规制客体的社交媒体平台自主规制。第三，合作规制中，法律规制通过规范、市场、架构要素间接规制社交平台自治。其共同的政策目标是实现网络空间的良性治理。

1. 作为规制主体的社交媒体平台

　　社交媒体平台是网络空间治理的规制主体，通过自主规制对网络空间的信息流进行控制和管理，规制方式包括法律、市场、规范和架构四类。

（1）法律规制

　　私人规制体系基于合同形成，是合同本身而非立法机关构成了私人规制的权利来源（科林·斯科特，2018）[89]。社交平台通过用户协议、隐私条款等法律合同对平台内的用户和企业进行规制，典型的用户协议中规定了禁止在平台上发布内容的具体事项、用户违反协议时可能受到的制裁措施等。例如，用户在平台内发布了违法信息或违反公序良俗的信息，平台可以对用户采取阻断传播、删除内容、封号等处置手段。

（2）市场规制

市场规制以平台企业自行进行的内部管理或绩效管理为主。从社交平台与用户的关系看，主要通过对平台内服务的价格设置实现。例如，Niconico 动画视频分享平台为规范平台内 UGC 版权作品的合理使用，以平台分成、利益分配等机制设置，激励用户合法合规生产内容。

（3）规范规制

指社交平台通过制定社区规范、用户行为指南等方式规范用户在平台内的行为。如新闻聚合平台 Smart News 制作 "content policy" 规范平台内的用户内容发布行为。

（4）架构规制

架构规制是社交平台最重要的规制方式，不仅可以确立规范，还具有自我执行性。正如莱斯格 "代码即法律" 所指出的，企业通过编写软件程序，将对用户行为规范的 "代码" 嵌入服务设计中，以此禁止用户进行某些行为，或要求使用者采取其他行为。典型的规制手段如使用智能识别技术筛选平台内发布的违规信息，以及嵌入内容过滤系统防止青少年接触不良信息等。

2. 作为规制客体的社交媒体平台

作为规制主体的社交平台自主规制包括法律、市场、规范、架构四个规制方式，合作规制中，对社交平台自主规制的规制同样包括这四个方式。

（1）对社交平台的法律规制

对社交平台自主规制的法律规制主体包括立法机关、政府部门相关机构等。首先，社交平台受到立法机关通过制定法律的规制手段进行约束，社交平台制定的用户协议、用户使用指南等不能违反法律规定，法律也可以直接对平台的架构进行规制。如本研究第五章详述的日本《青少年网络使用环境整备法》，对网络服务提供者等主体导入过滤技术的法定义务。

其次，政府等相关监管部门以制定指导性文件的形式，鼓励社交平台以特定的方式开展自主规制。如日本总务省以召开"平台服务研究会"的形式，制定平台服务应遵循的一般原则等。此种软法形式不具有法律约束力但会产生实际规范效果，使政府能够超越立法授权的范围来制定标准，同时无须经过立法机关批准。此种方式较正式法规文件更有弹性和易修订，可以让相关主体充分利用其掌握的专业知识，由专业人士对指导性文件做出解释。

最后，规制执行层面，司法机关可依据民法、刑法等对社交平台的违法行为进行制裁，政府监管部门可使用教育建议、行政指导、命令等行政处罚手段执行命令控制型规制。

（2）对社交平台的市场规制

市场对社交平台的规制主要表现在平台在参与市场竞争中可能因其行为不当而被淘汰。舍恩伯格（Mayer-Schonberger）认为，不符合用户的选择，即不被市场接受的自主规制是不存在的（Mayer-Schonberger，2008）。商会、行业协会组织等利益团体是重要的市场规制主体。行业组织通过强化参与规制标准制定以及规制执法的权力，可以拉近与规制空间中心的距离。"这种由私人或代表来参与执法的策略使这些主体在规制执法过程中握有更多利益，还能将部分监督、谈判与执法成本从公共部门转移出来。"（科林·斯科特，2018）[55]

如日本相关行业协会制定社交平台处理违法不良信息的指南，成为日本社交平台集体行为守则的基本标准。在日本，行业组织通常独立于政府，但其规制往往比政府更有效。企业只有加入行业利益联盟并遵守规范，才能享受组织联合体对成员利益诉求的回应。

（3）对社交平台的规范规制

规范规制的合法性和规制权力来源于基于声誉关注形成的混合压力，被称为"社会运营许可"，这种社会许可暗含一个社会对某种活动的准许，没有准许的企业无法在社会中运作（科林·斯科特，2018）[220]。在社会互动的规制模式下，社交平台用户通过发布点评意见、投诉举报等方式，对社交平台的内容服务进行评价，这一自下而上的参与和监督能够形成一定的社会影响力和市场压力，支撑以社会为基础的规制执行机制。如社交平台在采集、使用用户个人数据时，需要保护用户隐私安全，否则会被用户抵制并被市场淘汰。

（4）对社交平台的架构规制

对社交平台的架构规制表现在通过软件、硬件等系统设计对社交平台行为的规范。社交平台向用户提供信息服务，需要建立在多元架构和代码的支持之上。例如，用户想要使用 LINE 即时通信服务，其具体的操作步骤包括：第一，购买一部智能手机。第二，与移动运营商签约开通服务使用移动网络。第三，打开智能手机在操作系统中进行基础设置。第四，在谷歌商店或 Apple Store 应用商店下载安装 LINE。第五，打开 LINE 进行实名制注册。第六，使用 LINE。在这一过程中，社交平台想要向用户提供服务，需要依靠智能手机生产商、移动网络运营商、手机系统软件开发商、应用商店服务商等多个基础设施主体，即代码设计者的参与。这些分散在不同治理层级的规制主体，可以通过技术设计对社交平台进行规制。

三、合作规制的多层次关系

综上，社交媒体平台治理的合作规制存在多层次的治理结构。第一，治理层级上，可以分为直接规制层、控制节点规制层和平台自治层。直接规制层即法律、市场、规范、架构要素直接规制平台自治行为或网络信息内容。控制节点规制层指法律通过市场、规范、架构要素对社交平台的间接规制。平台自治层即社交平台在平台运营服务的规制空间范围内，通过法律、市场、规范、架构要素对社交平台进行治理，上述治理层级共同组成社交平台治理的合作规制。

第二，治理主体和规制手段上，直接规制的主体包括立法机关、行政机关和司法机关，使用制定法律、行政指导、命令、支援、帮助、教育建议等硬性或软性规制手段，直接或间接规制社交媒体平台。控制节点规制的规制方式包括市场、规范和架构。其中，市场规制主体包括行业组织、社会组织等私人部门，使用制定标准、设立原则等手段进行规制。规范规制主体包括媒体、用户等，通过投诉、信息反馈等进行自下而上的社会监督。架构规制主体包括网络空间代码的设计者，如智能手机制造商、iOS 系统生产商、移动应用商店平台等，使用技术设计等手段参与规制。平台自治的主体是社交平台公司，主要通过用户协议、隐私条款、算法推荐技术、内容过滤系统等规制工具进行内容治理。

第三，作为整体的社交媒体平台合作规制网络。社交媒体平台合作规制网络存在治理层级多层次、规制主体多元化、规制手段多样化特性，需要具体考察不同层级的控制之间如何协调，责任设置与创新发展之间的关系如何平衡，以实现网络空间内容治理的政策目标。

第四节　小　结

本章提出"风险冲突—治理调适"的分析框架考察日本社交媒体平台的社会属性及其治理变迁。首先，历史制度主义强调在历史脉络中解释社会现象和因果关系。日本互联网发展演进经历了"互联网基础设施信息化"（1995—2004 年）、"加拉帕格斯化的日本媒介生态"（2005—2009 年）和"多层次化的平台生态"（2009 年至今）三个阶段，应当将社交媒体平台在社会中的角色功能放在上述社会发展环境中理解和阐释。

其次，社交媒体平台治理的特殊性在于社交媒体平台既是规制主体，同时也是法律、政府、行业组织等被规制的客体。因此，合作规制模式为解释日本社交媒体平台治理调适提供了一个可参照的分析框架。合作规制强调规制模式、规制主体、规制客体、规制手段等规制要素的多元化。其中，规制模式在承认法律规制、政府规制和市场监管的基础上，更强调"代码""设计""规范"等非传统规制模式的作用。

从合作规制的视角考察社交平台治理，规制者与被规制者之间的关系不再是单一的"命令—控制"关系，而是多种类多层次的行动者互动的复杂关系。合作规制网络中的规制要素既包括政府、社交平台公司、用户等人类行动者，也包括法律政策、技术架构、准则规范等非人行动者，表明国家规制权力被平台分散，要从多层次分解不同主体间的规制关系。

第三章　平台角色界定：
表达自由还是平台责任？

互联网发展之初被视为完全脱离现实世界的虚拟空间。1996 年，约翰·巴洛在《网络空间独立宣言》中将互联网比作"脱离肉体且独立于国家、国界的精神世界"（Barlow，1996），反映了互联网早期自由主义的世界观。这一理想主义气息同样在日本被接受和蔓延，这一点可以在关于互联网的日本早期作品中窥探到。"它将扩大全球草根公民间的交流，且不会受到大众媒体和国界的约束"，世界因此而改变（古瀬幸広、広瀬克哉，1996）。

作为一种颠覆性的连接技术，互联网被赋予了"表达自由基础设施"的重要作用（浜田純一，2002；Balkin，2013），其"自主、分散与合作"的自由架构编织起一个世界性的网络（伊藤博，2001），不存在能够对其垄断和控制的个人或主体，互联网将使"公共领域"，即公民之间互动自由的言论空间得以恢复，所谓的审议式民主将成为可能（吉田純，2000）。

随着互联网在日本的普及，"网络公共领域之梦"和人们对互联网寄托的表达自由的向往随之破碎，互联网对用户表达自由的赋权也促成了假新闻、仇恨言论、政治煽动和网络暴力等违法有害信息的肆意传播。人们发现，互联网基础设施可以为表达自由提供空间，也可以反过来控制表达自由（Balkin，2013）。其中，电信运营商、网络服务提供商、社交媒体平台等网络信息中介对互联网上表达自由的性质有深远的影响（穴戸常寿，2013）[114-115]。

当社交媒体平台成为在线交流的主要管理者，平台需要承担何种责任，并且如何处理保护用户表达自由与平台监管责任之间的关系？关键在于对社交媒体平台的角色进行清晰界定。

第一节　社交媒体平台角色：网络信息中介还是媒体？

日本大众媒介规制制度呈"条块分割"式，横向包括对内容和业务类别的划分，纵向包括对印刷出版、广播电视和信息通信三类媒介的划分，规制原理各不相同，这也使依托互联网而崛起的社交媒体平台等信息中介的角色界定更加暧昧和不确定。2001 年颁布的《网络服务提供者责任限制法》确立了网络服务提供者在传播侵权信息时的免责条款和符合特定条件的信息披露义务。日本《网络服务提供者责任限制法》要求网络服务提供者对违法有害内容采取删除措施，打破了宪法保护通信秘密的规定，制造了"保护表达自由"的例外情况。

一、"善良撒玛利亚人"[1] 的悖论

20 世纪 90 年代初期以来，互联网不断发展和普及，网络信息传播违法有害内容也不断滋生。网络传播的匿名性使信息传播者的真实身份难以确定，面对恐吓、低俗、淫秽、诽谤、仇恨、隐私侵犯等各类侵权言论，被侵害者只能将作为信息中介的网络服务提供商告上法庭，提起侵权诉讼。在《网络服务提供者责任限制法》出台前，日本法院倾向于免除网络服务提供者的损

---

[1] "善良的撒玛利亚人"原指见义勇为的人，乐善好施者。美国《正当通信法》第 230 条又被称为"善良撒玛利亚人条款"，指只要其采取剔除违法内容措施时是善意的，即使行为对用户造成损害，也可以豁免民事责任。

害赔偿责任，其依据是在善意、无过错的情况下，一般侵权行为的免责认定。

2001 年，在 Nifty Serve 公司侵权案中 [1]，法院认为被告网络论坛管理者尽管有删除侵权内容的义务，但在尊重民主社会表达自由的原则下，为了促进意见表达和讨论，应当允许网络论坛管理者对异议言论的不作为行为。在这日本第一起以网络信息中介为被告的网络侵权诉讼中，法院判定被告网络论坛管理者及其上级单位 Nifty 公司不用承担损害赔偿责任，而由诽谤内容的传播者本人承担损害赔偿责任。同样，在东京都立大学案 [2] 中，法院认为，网络管理者很难对其传播的信息是否侵害他人名誉做出判断，因此不必为未采取删除措施而承担损害赔偿责任。

上述司法判例表明，网络服务提供者对如何处置平台内传播的违法内容陷入两难困境。网络服务提供者如果依据管理权限积极对诽谤中伤、淫秽等违法内容采取阻断传播措施，则可能对宪法保护的表达自由造成一定的"寒蝉效应"，需要对信息传播者承担损害赔偿责任。而当网络服务提供者知道或应该知道平台内存在违法有害内容，却对该内容放置不管，则可能承担与传播者同样的侵权责任。

很明显，上述困境是由"网络服务提供者"的角色定位不明导致的，即这一"在线信息中介"应当适用新闻机构的媒介规制原理，还是通信媒体的媒介规制原理。

二、扩大表达自由的例外边界

1. 条块分割式的媒介规制制度

按照媒体类别，可将大众传播时代的媒体划分为印刷出版、广播电视和信息通信三类，日本建立了不同的法律制度对上述三类媒体开展规制，大致可分为对内容的规制和对业务的规制（山田健太，2021）[34]。由于战前和战时的言论控制历史，报纸、杂志等印刷出版媒体原则上不受公权力的制约，其公共性的保障受制于行业组织和媒体机构内部的自我规制机制。

---

[1] 东京高判平成 13·9·5 判时 1786 号 80 页，ニフティサーブ事件控诉审．

[2] 东京地判平成 11·9·24 判时 1707 号 139 页，都立大学事件．

另一方面，广播电视媒体因其"公共性质和因直接传播给许多人产生的社会影响，以及分配频谱的机会很少"（张志，2010），涉及公民表达权和知情权的维护。因此，其内容和业务层面都有相关法律进行规制。如业务规制方面，被称为"电电三法"的《放送法》《电波法》和《公众电气通信法》，主要以规范通信基础设施的分配和使用为目的，通过发放公共电波使用执照等形式，保障广播电视业务的公平竞争。内容方面，通过制定编辑标准，如维护公共安全、公共秩序、政治平等真相、意见的多元处理和节目协调等（仲佐秀，1994），实现内容传播的"有序的自由"（山田健太，2021）[34]。第三类信息通信媒体主要指邮政、电话和邮件等以一对一虚拟交流为传播形式的媒体。受日本宪法对个人通信自由和秘密权的保护，一般对其内容尽可能不干涉，而业务层面受制于"电电三法"的法律规制。

因此，日本大众媒介规制制度呈条块分割式，横向对内容和业务类别的划分，纵向对印刷出版、广播电视和信息通信三类媒介的规制原理各不相同，这也使依托互联网而崛起的社交媒体平台等信息中介的角色界定更加暧昧和不确定。

2. 模糊的网络信息中介角色边界

20 世纪 90 年代以来，互联网日益商用化并在日本普及使用，对不同媒介类别条块分割式的规制结构问题逐渐显现。由于传统关于信息通信媒体的法律规制以业务规制为主，并没有预设以互联网为代表的新的通信形式在表达内容上可能引发的各种问题。而互联网实现了一对多、多对多的对非特定多数人的信息传播特性，使其作为"信息通信媒介"还是"网络广播媒介"的角色边界变得模糊。这直接决定着对互联网的规制适用于何种类别媒体的规制原理。随着互联网这一"具有公开性通信"媒介的诞生（山田健太，2021）[194]，日本宪法所设想的将"表达内容"和"通信业务"严格区分的规制机制变得不再适用。

互联网，更具体来说是那些介于信息传播者和接收者之间的网络信息中介——包括网络服务提供商（ISP）、电子公告栏、网络论坛的管理者和经营者，以及社交媒体平台的经营者等——的角色定位，即将互联网作为何种媒体予以规制，直接影响着其对表达内容需要负责到何种程度。

3.《网络服务提供者责任限制法》：扩大表达自由的例外边界

日本大众媒体时代的媒介制度下，承担信息流通中介功能的通信媒体并不需要对表达内容进行价值判断。以表达内容不当为由阻断其传播渠道，无异于侵害了表达者发表意见的自由，"作出判断意味着要对表达内容承担责任"（山田健太，2021）[150]。例如，当印刷出版物中包含违法内容时，印刷公司和书店不必与出版社和作者一同承担刑事处罚并支付损害赔偿金。

为了回应"网络信息中介"应当承担的责任与义务，日本政府于2001年出台《网络服务提供者责任限制法》，为网络服务提供者设置了侵权信息传播中的免责条款，以及满足一定条件时对侵权信息传播者的信息披露义务。日本《网络服务提供者责任限制法》要求网络服务提供者对违法有害内容采取删除措施，打破了宪法保护通信秘密的规定，制造了"保护表达自由"的例外情况。

三、平台责任：网络信息中介的"有限免责"

日本政府于2001年1月30日制定了《关于特定电信服务提供者的损害赔偿责任限制及向服务提供者请求提供传播者信息的法律》（下文简称《网络服务提供者责任限制法》），该法于2002年5月生效。从维护表达自由角度出发，该法规定网络信息中介者需对自己发布的内容负有限责任，并通过厘清网络服务提供者发布网络信息的限制性责任，激励其采取自主规制措施治理违法不良信息，这被看作对既有媒介规制思路的巨大转换（山田健太，2021）[202]。

日本《网络服务提供者责任限制法》制定时参照了美国《交流规范法》第230条（简称"CDA230条"）、《数字千年版权法》第512条（简称"DMCA512条"），以及《欧盟电子商务法令》（简称"ECD"）第12条至15条（邮政省，2000），为网络服务提供者的免责设定了一定的条件。作为该法规制对象的"特定电气通信业务提供者"，主要指"使用特定电气通信设备进行信息传播的中介"，它由网络信息传播平台、网络论坛管理者、网络信息存储服务供给者、搜索引擎服务供给者以及其他提供网络连接服务、信息通信服务等的网络服务供给者组成（Internet Service Provider, ISP）。

1. 对用户的"限制性责任"

日本《网络服务提供者责任制限法》规定，当网络服务提供者获知自己所发布的消息包含侵权信息时，如果采取及时措施屏蔽该消息，将不负任何赔偿责任。在很大程度上借鉴了美国《数字千年版权法》（DMCA）中"通知—删除"的规定。但DMCA的"通知—删除"规则实施中，网络服务商不用判断是否存在侵权事实，只要在接到权利人通知后立即采取阻断传播措施，即认定网络服务商的删除行为是善意无过失的，即便错误删除也不必承担责任，也就是我们常说的"避风港"条款。

相比之下，日本则强调向网络服务商承担"限制性责任"，并为网络服务提供者提供可以应用的免责条件。免责条件是指网络服务提供者明知自己发布的信息侵害他人合法权利，或有足够理由知晓自己发布的信息损害他人合法权利的，网络服务提供者应采取措施制止侵权信息的发布，否则需要承担损害赔偿责任。网络服务提供者在满足本法律要求的前提下可要求免除对所传播信息对他人构成侵权所引起的赔偿责任，以此有条件地限制赔偿责任，从而间接厘清了网络服务提供者所应承担的赔偿责任。

2. 对信息发布者的责任承担

网络服务提供者不仅对被侵权人承担限制性责任，当其因误删信息而侵害到传播者的表达自由权益时，也可能被信息发布者追究损害赔偿责任。

日本《网络服务提供者责任限制法》为避免以上两难窘境，对网络服务提供者在特定条件下因实施阻断信息传播措施导致信息发布者遭受相关损失的免责条件进行限制。包括：第一，网络服务提供者具有充分理由相信，有关资料的扩散会侵害他人的权益。第二，在被侵权人清楚地向网络服务提供者出示证明自己权利受到侵犯的有关资料，并要求采取阻断传播措施后，网络服务商为核实情况向传播者说明情况，传播者在7日内未做出不同意阻断传播的声明时，网络服务提供者采取阻断传播措施不必对信息传播者承担民事责任。

3. 对信息发布者的责任追究

在"保护通信秘密"的法律下，网络信息传播者的姓名、地址、电话号码等个人信息均受到匿名化保护。这一制度尽管能够保障网络言论匿名发布者的表达自由和隐私权，但也为匿名者肆意传播不实内容撑起了一把"保护伞"。

为了让被侵权人以司法救济途径维护正当权益，日本《网络服务提供者责任限制法》赋予了权利人对网络言论匿名发布者的个人信息披露请求权。当信息发布者明显侵权，或有其他要求披露发布者信息的"正当理由"时，被侵权人有权请求网络信息中介提供包括匿名发布者姓名、住址等能够确认个人真实身份的信息，用来追究侵权信息发布者的民事责任。

尽管如此，由于个人信息披露并不是网络信息中介必须履行的法定义务，因此，是否披露信息取决于网络服务提供者各自的判断。尽管实体法规定了被侵权人可不用通过法院诉讼程序行使信息披露请求权，但实际操作层面很少发生网络服务提供者在法院外自主披露信息传播者信息的情况（垣内秀介，2021）。这也成为日后日本政府为治理社交媒体平台上诽谤中伤等侵权信息而修订法律的主要原因。

第二节　社交媒体平台定性：媒体还是科技公司

2010 年以来，随着智能手机在日本的广泛使用，Facebook、Twitter、LINE 等社交媒体平台在日本迅速普及，社交媒体上信息传播的匿名性和病毒式扩散的特点，带来了聚集性言论的负效应。日语中专门用"炎上"一词形容"短时间内对网络上特定对象的集中批判和诽谤中伤，导致事态无法控制的状态"（総務省，2019），或"关于某一特定话题的热门讨论，在许多博客、论坛上遭到攻击的状态"（荻上チキ，2007）。

因社交媒体的传播特性而导致的网络匿名言论的负效应体现在，即便个别言论并不构成对当事人的侵害名誉罪，但针对某一特定对象的持续的大量的网络暴力，其结果可能超出社会容忍度，对当事人造成无法挽回的负面影响。例如，2020 年 5 月，女子自由搏击选手木村花就因为受到社交媒体上大量人身攻击而自杀。社交平台信息传播中的"炎上"问题在于"炎上"本身是一个过程，并没有明确的标准界定达到何种程度会超出社会容忍限度，并且产生的负面影响也是不可预估和掌控的（上沼紫，2021）。

在社交平台上瞬时、大量转发和扩散的匿名言论，可能使受害者遭受个人隐私泄露、人肉搜索、人身攻击等网络暴力，也给法律直接监管造成一定的难度。如何平衡表达自由与平台责任之间的关系，取决于社交媒体平台如何对自身角色进行认知。

一、谁为木村花之死负责？

有越来越多的公众人物在社交媒体平台上受到诽谤和诋毁。2022 年 5 月，22 岁的女职业摔跤手木村花在参加一个电视真人秀节目时，受到社交媒体上帖子的人身攻击，帖子中写道："去死吧，你这个混蛋！""你真恶心！"[1] 2022 年 5 月 23 日，木村花被发现在家中自杀身亡。有媒体报道，木村花受到社交媒体上的诽谤后一直处于身心不安定的状态，其自杀与网络暴力有直接关系。木村去世后，诽谤言论并没有销声匿迹，有人甚至在 Twitter 上写道："你的死让我们都很开心，谢谢你。""因为你的自杀，（节目）被取消了，你应该下地狱。"[2]

尽管日本《网络服务提供者责任限制法》中的用户权利救济条款中，规定当社交平台上存在诽谤中伤等侵权信息时，权利人可以向社交平台申请，要求披露信息传播者的真实身份，以便向法院提起诉讼，追究相应的法律责任。但同法也规定，社交平台需要先获得发帖者的同意，才能向权利人披露发帖者的个人信息。而现实情况是，当发帖者不同意披露个人信息时，

---

[1]『日本経済新聞』「侮辱罪厳罰化、あす法制審に諮問、法相、ネット中傷「抑止必要」、懲役刑を追加案」2021.9.15.

[2]『日本経済新聞』「ネット中傷に迅速救済木村花さん巡り、地裁が賠償命令」2021.5.20.

权利人不经过诉讼程序而获得发帖者真实身份的情况几乎不存在（総務省，2020a）。

东京警视厅在木村去世后，对 Twitter 社交平台上的约 300 条评论进行调查，以每个账号发 3 次以上诽谤评论为标准，锁定了其中 7 个账号，将其定性为恶意案件并开展调查。为了确定账号持有人的线下身份，需要 Twitter 公司披露传播者的个人信息，但 Twitter 公司声称该案件"不属于紧急事项的范畴"，并未对此做出迅速回应[1]。

对 Twitter 这样的跨国平台公司来说，披露信息传播者的个人信息可能面临侵害表达自由权的指控，因此对要求披露个人信息的申请处理非常慎重。而日本现行法律并未对诽谤中伤言论划定明确判断标准，以及披露传播者个人信息的非强制性，都使社交平台用户权利的事后救济无法及时推进。此外，更核心的问题是，Twitter 公司以"不属于紧急事项的范畴"回应东京警视厅，表明该公司并无意愿为平台内的诽谤中伤言论负责，底层逻辑是将自己看作提供信息中介服务的"科技公司"，因而无需对内容负责。

二、关闭评论："比美国互联网巨头更进一步"

1. 界定难：侵权还是有害？

"诽谤中伤"一词并非严谨的法律概念，其中既包含法律层面的侵害名誉权、隐私权、肖像权等个人权利的言论，也包含不违法但不恰当的言论。诽谤中伤言论中，诸如"某某某消失吧"中包含信息发布者的主观感情表现，是否侵害当事人名誉权需要根据具体的语境判断。

社交平台信息传播的特点是用户发布言论的字数较少，如果不对其言论上下文做整体判断，很难理解实际表达的意涵。2010 年，在一起要求披露网络发帖者个人信息的案件中，被告人在帖子中使用了"疯狂"（気違い）一词。尽管该词明显带有侵害名誉的感情倾向，但在该案件中，东京最高法院根据推文考察言论的上下文脉络，承认了在言论中使用该词的必要性，因此

[1]『日本経済新聞』「木村花さん中傷、9 割不問、侮辱罪、時効 1 年の壁、立件 2 人止まり」2021.5.24.

判定侵权行为不成立。

既往案例表明，社交平台上的过激言论有时并未涉及具体的事实，而只是表达一种情绪，其中可能有超过社会容忍限度的侵害名誉感情的侵权信息，但无法明确界定其边界范畴，因此不能仅以违法信息的判定和解决方式处理。并且，既有规制模式中的事后权利救济无法挽回可能造成的社会负效应，需要社交媒体平台的能动回应。

2. 反流量至上：关闭评论拒绝热搜

2021 年 10 月，日本最大的互联网公司雅虎日本推出了一项新功能，当 AI 判断其热门栏目 Yahoo！News 的评论区存在大量违规内容时，将自动关闭相关热门文章的评论区，禁止用户继续参与话题讨论。该套智能算法系统由雅虎日本公司自主研发设计，主要针对 Yahoo！News 评论区中的诽谤中伤言论。在 2021 年 10 月至 12 月的两个月内，雅虎日本公司共关闭了 216 条热门新闻报道的评论区，其中不乏包含诽谤中伤等违反公司规定的内容。

2021 年 10 月 26 日，日本皇室秋篠家族的长女真子与小室圭结婚，并在当天下午召开新闻发布会。2017 年年底二人宣布订婚后，日本媒体对与小室圭及其母亲有关的财务问题进行了大量报道，其中不乏对真子公主的诽谤中伤。Yahoo！News 中这则皇室婚姻报道在大约 2 小时内收到了超过 14000 条评论，最终因其自带"热搜体质"，被自动化内容审核系统关闭了评论区。

雅虎"关闭评论"的自治措施是在诽谤言论可能产生扩大化的社会负效应之前进行预判，以事前监管的方式回应那些并非违法，但却因社交平台的传播特性而可能给当事人造成身心伤害的侵权言论，这一自治措施被认为"可能比美国互联网巨头更进一步"[1]，因为其行为可能引发侵害表达自由的争议，并且"拒绝热搜"并不符合互联网公司"逐利"的底层逻辑。

---

[1]『日本経済新聞』「投稿の AI 監視　ヤフー『グレーゾーン』に苦慮」2021.11.21.

三、雅虎日本："我是一个媒体"

1. 科技平台公司还是媒体？

"我们不生产内容，我们只是内容的搬运工"，这一理论长期以来主导了雅虎日本公司对自身的角色认知。由于雅虎日本将自身定位为"信息中介平台"，其采取的立场是不生产原创内容，只分发内容，从而回避"媒体责任"。也就是说，作为网络信息中介的平台主要适用《网络服务提供者责任限制法》，发现有问题的内容后，平台只需按照程序采取删除行为就可以免责。这一规制模式可以说是互联网上仇恨言论和侵犯人权行为扩大的原因之一。

但在2016年，雅虎日本公司公开发表了声明"Yahoo！JAPAN Media Statement"[1]，明确宣言自己是一家媒体公司。声明中指出，雅虎日本公司运营的媒体服务，作为"获取和传播信息的场所"，将秉承"公信力和品质""尊重多样性""丰富的信息传播"的原则开展服务。

上述原则让大众媒体从业者"吃了一惊"[2]。因为在他们的理解里，雅虎日本公司的这则媒体声明意味着，如果将来雅虎新闻平台上分发的内容出现问题，雅虎日本至少会承担一部分作为媒体公司的责任。雅虎日本声称："我们的目标是在遵守社会规范和品位的前提下，提供优质且具有可信度的信息。我们将勤奋工作，防止那些不准确的、具有过度煽动性的、或误导性的信息出现。"这与日本传统大众媒体组织标榜的媒体责任趋同，表明了雅虎日本对自身媒体责任的担当。

2. "通过设计承担社会责任"：技术架构中的价值观嵌入

对自身角色定位的认知转换使雅虎日本采取一系列自主规制措施，承担其作为媒体属性的社会责任。技术平台属性又为雅虎日本对平台内容治理提供了物质性支持。

---

[1] https://about.yahoo.co.jp/common/mediastatement/.

[2] https://news.yahoo.co.jp/byline/tokurikimotohiko/20160307-00055148.

为了让机器精准识别诽谤中伤等"灰色言论"，Yahoo！News 专门配备了 24 小时工作的人工审核团队，常年对难以界定性质的"灰色评论"进行人工审核，其人工内容审核团队超过 3000 人。超过 1 亿条过往的评论数据喂养了雅虎日本的超级计算机"kukai"的语言学习和理解能力。在此之上，AI 系统对 360 万条容易使人感到不愉快的评论数据进行判断并予以评级。

按照"10 分制"的标准，评级系统从"是否有客观证据""是否是基于经验的意见"等多个角度，对平台内的评论内容是否符合相关文章的主题进行评价，自动判断评论的"建设性程度"，对不具有建设性的内容给予低评级。Yahoo！News 上每天发布约 7000 篇文章，涉及 30 多万条用户评论。雅虎日本根据评论的分数评级进行推荐排序，同时删除违反其服务条款的用户评论，平均每天能够删除 20000 条诽谤和攻击性评论。与人工审核团队判断不同，AI 对"灰色评论"采取直接自动删除的处理，从而排除了人工审核的"任意性"[1]。

3. 透明度原则：保障平台自治合规

社交平台以自治准则关闭评论区或删除评论的行为显然存在争议，雅虎日本公司发布的透明度报告中，发布了平台关闭评论区遵循的标准，并邀请专家和外部人士核实这一功能采取的措施是否恰当，将核查结果向社会公开。

---

[1]『日本経済新聞』「投稿の AI 監視　ヤフー『グレーゾーン』に苦慮」2021.11.21.

第三节　外部监管：对社交媒体平台的元规制

一、事后追责：强化用户权利保护

木村花事件使日本公共部门意识到必须采取行动对陈旧的司法救济程序进行改革，2021 年 4 月，日本国会颁布了《网络服务提供者责任限制法（修订案）》，以推动社交平台内因诽谤中伤言论发生的侵权纠纷和负面社会影响得到更迅速的解决。

1. 一步到位：非诉讼司法程序的设立

木村花事件之前，权利人想要向社交平台的侵权信息发布者提起侵权诉讼，一般需要经历三次诉讼。首先，被侵权人要向平台发起诉讼，要求其公开传播者发布侵权内容时的通信记录，包括 IP 地址、时间戳等。其次，被侵权人基于平台提供的传播者通信记录，向网络通信运营商提起诉讼，要求其披露传播者的姓名和联系方式。最后，被侵权人得到传播者的姓名和联系方式后，向法院提起侵权诉讼和民事赔偿请求。

日本对诽谤中伤者的诉讼时效是发布评论起的一年内，烦琐的司法诉讼程序将耗费被侵权人大量的时间和金钱成本。并且，被侵权人在等待社交平台披露信息发布者身份信息的诉讼过程中，可能因平台内诽谤中伤言论的"炎上"而受到不可逆的身心创伤。为此，修订的《网络服务提供者责任限制法》设立了新的"非诉讼程序"。非诉讼程序流程相对简单，法院行使裁量权的范围也更广，被侵权人可一次性向法院提出申请，要求网络内容服务提供者和网络通信运营商披露信息发布者的个人信息，从而加快向侵权信息发布者提起民事诉讼的进程。

2. "告诉我你是谁"：更新个人信息披露清单

网暴受害者向发帖者提起民事赔偿诉讼的前提是知道对方的真实身份。但在匿名传播背景下，想要知道"你是谁"，必须要社交媒体平台披露发帖者的个人信息。尽管修订后的《网络服务提供者责任限制法》优化了非诉讼司法程序，但在"保护通信秘密"的法律规制下，社交媒体平台披露何种个人信息不会被追究责任仍需进一步确认。如在当下主流登录型 SNS 服务中，平台存储的是用户的登录信息，并不记录、存储用户发布信息时的 IP 地址和时间戳，被侵权人也就无法确定侵权信息发布者的身份。

为此，日本总务省将传播者的姓名、住址、电话号码、电子邮箱、发布侵权信息时的 IP 地址、与该 IP 地址组合的端口号码、发布侵权信息的移动电话末端或 PHS 末端的网络连接服务使用者识别符号、发布侵权信息的 SIM 卡识别符号等列入个人信息披露清单 [1]，明确将用户登录社交平台时的 IP 信息纳入信息披露清单，并以法条形式予以明确化，为被侵权人的确权维权及申请司法救济提供了便利。

二、事前监管：制定标准与负向激励

1. 行业组织：政企合作的"控制节点"

日本总务省是日本社交平台治理的主要监管部门。2020 年 9 月，为应对社交平台诽谤中伤言论，日本总务省发布了《关于应对网络诽谤中伤言论的政策工具包》，从提高用户媒介素养、加强社交平台内容治理的透明性和说明责任、完善用户监督投诉等方面，对社交平台诽谤中伤言论的自我规制进行了规范。其中，社交媒体行业组织是总务省实施合作规制相关政策的"控制节点"，占据着联结政府和企业的关键位置。

为了承担法律规制下"有限免责"的平台责任，同时规避平台可能背负

---

[1] 日本总务省《关于特定电通信业务提供者的损害赔偿责任限制及传播者信息披露法律第 4 条第 1 项中规定传播者信息的省令》

的风险，早在互联网发展初期，日本相关业界团体以明确判断标准为主旨，制定了不同情况下的指导方针。其中，由日本电气运营商协会（TCA）[1]、电信服务协会（TSA）[2]、网络服务商协会（JAIPA）[3] 等业界团体构成，于 2002 年设立的"网络服务商责任限制法指导方针等讨论协议会"制定了一系列指导方针，为网络信息平台上可能出现的"损害名誉、隐私""侵犯著作权""商标权管理""信息发布者个人信息披露"等问题，提供了具有可参照性的处置标准。

这些指导方针基本是在日本总务省对于相关问题的研究会报告书的基础上，将其内容以"guild line"的形式落实，可以说是日本网络内容治理的典型形式。也就是说，对于法律无法规制的网络表达自由问题，业界团体以研究会的名义提出应对策略，实质上发挥了对各个平台企业行为的制约作用。

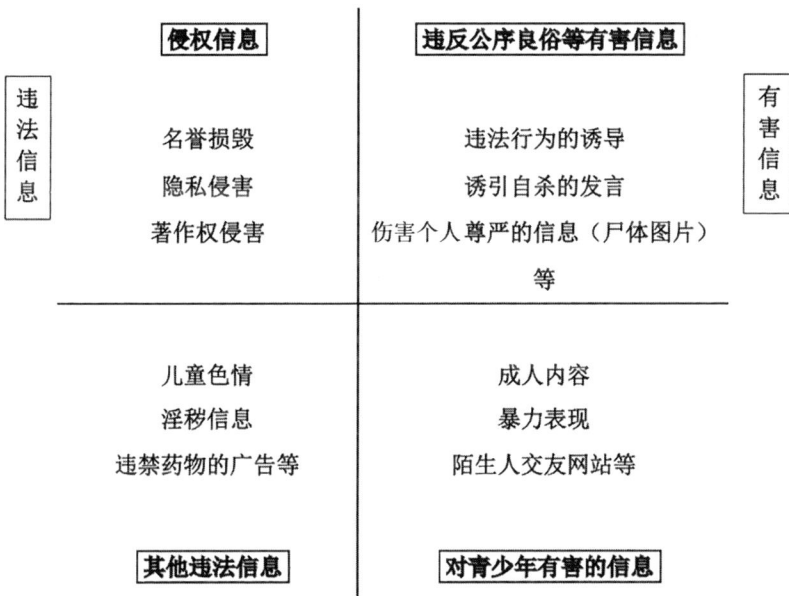

图 3-1　日本互联网违法有害信息分类

[1] 日本电气通信事业者协会（Telecommunications Carriers Association, TCA）

[2] 日本电信服务协会（Telecommunications Services Association, TSA）

[3] 日本网络服务商协会（Japan Internet Providers Association, JAIPA）

例如，日本总务省《互联网违法有害信息应对研究会最终报告书》（2006年8月）中，以违法（illegal）和有害（harmful）为标准对互联网上的违法有害内容进行了分类（如图3-1所示）。第一类是侵犯个人相关权利的信息，包括侵犯名誉权、隐私权、著作权等信息。第二类是其他违法信息，包括儿童色情、淫秽、发布违禁药物广告等违法信息。第三类是违反公序良俗的不良信息，如诱导他人违法的行为、劝诱自杀，以及发布侵犯个人尊严的信息（如尸体照片）等。第四类是对青少年有害的信息。包括成人内容、暴力表现、陌生人交友网站等（総務省，2009）。上述信息中，第一类和第二类属于违法信息，第三类虽然没有直接违反法律，但可能对公共安全和社会秩序造成威胁，属于不违法但有害的信息。第四类信息虽然对成人无害，但可能影响青少年健康成长，因此也被归为被规制的对象。

由于不同属性的违法有害信息的治理原则和路径存在差异，因此，在总务省明确违法有害信息不同类别属性的前提下，由相关行业组织制定具体违法有害信息的判断标准和处置程序等，使网络服务提供者在处置平台内违法有害信息时，能够明确在何种情况下采取何种措施，可规避可能发生的损害赔偿责任，从而防止网络服务提供者对内容处置的恣意裁量权。例如，在TCA、TSA等业界团体制定的《互联网违法信息应对指南》中，明示了违法有害信息的具体情形，并通过说明法律文本，以及列举司法判决案例等方式，为网络服务提供者判断违法信息提供标准。

2. 社交平台自治的外部监管

一项规制的实现过程一般包括创立规则、合作监督（monitoring）与规制实施（enforcement）三个阶段（科林·斯科特，2018）[264]，日本社交平台诽谤中伤言论的合作规制中，各方主体均以不同形式参与到上述三个阶段的规制过程中。

（1）统一规则

社交媒体平台主要依靠与用户之间的"用户协议"制约平台内违反社会公序良俗的不良信息的发布传播。但用户协议属于私法性质，平台对用户协议的制定具有很大自由度和话语权。又因为平台对信息内容进行判断的时候，可能会为了抢占流量和引起注意等商业利益采取宽松的策略，任由灰色行为出现。因此，对平台自我规制的"元规制"就显得格外重要。为了规范平台用户协议，日本电气通信四协会制定了《应对违法有害信息的用户协议条款模板》（TSA，2016），为网络信息服务中介应当制止传播的有害信息界定了范围。包括垃圾广告、劝诱赌博、诱导胁迫自杀、暴力、诽谤中伤等不良内容。同时规定用户如有违反协议行为，网络信息中介可以采取删除信息、封禁账号等自主规制措施。

特别是对于那些"虽然难以判定属于违法信息，但存在危害公共安全、扰乱社会秩序的可能，或对特定人群的权利造成侵害的信息"（麻生典，2018），日本社交媒体协会（SMAJ）要求其会员单位的社交媒体平台整顿用户协议，将"禁止故意发布针对个人的名誉损毁、侮辱性言论行为"明确记载在用户协议上。并且，为了社交平台自主规制发挥实际效果，SMAJ倡导构建"维护用户权益对策数据库"，社交平台行业内共享监管诽谤中伤等违法不良信息的对策。这一规制过程中，行业组织实质上发挥了有效联通各自为政的社交平台的桥梁作用。

（2）协同合作

为保障公民表达自由相关权利，日本总务省在合作规制过程中并未采取直接或间接的积极介入，而是作为各方治理主体和治理资源的协调者，以召开相关治理课题研究会和审议会的形式，监督社交平台公司积极遵守行业规范，并将其在自治过程中遇到的问题以修订法律的形式反馈，以实现外部直接规制与平台自我规制的有机结合。现实中，社交平台自治需要与公共部门开展紧密协作。日本警察厅委托"违法有害信息咨询中心"（IHC），以及日本网络安全协会的"诽谤中伤热线"，作为通报受理社交平台内违法有害信息的窗口，为用户维权提供咨询建议。

IHC尽管是民间组织，但实际上和日本警察厅表里一体，中心的业务之一是向警察通报，以及向国内网络信息平台申请删除违法有害内容。日本社交媒体协会（SMAJ）的会员包括Tiktok、Facebook、LINE、Twitter、Google等17家社交媒体企业。代表理事是东京大学法学政治研究科教授穴户常寿，以及京都大学法学研究科教授曾我部真裕，二人是日本总务省制定信息通信政策和网络平台治理政策的顾问和相关政策研究会的主持者，与日本政府的联系非常紧密。因此，SMAJ 并非一般性的行业组织，实质上也是日本政府治理社交平台的主要政策推动主体。

此外，与社交平台诽谤中伤言论的侵权救济应对相比，事前预防能从根本上杜绝问题，需要传播者对传播信息可能产生的社会负面影响有高度认知。特别是社交平台上大量投稿型诽谤中伤的传播特性，需要传播者予以理解。日本政府主要使用软法这一非强制性规制工具，通过"启发教育"的方式，以植入知识为目标，提升传播者在社交平台发布信息时的媒介素养。

2020 年 7 月，日本总务省、日本法务省人权拥护机构、日本社交媒体协会（SMAJ）、日本网络安全协会（SIA）共同开设了"#NoHeartNoSNS"社交媒体使用宣传特设网站。所谓"#NoHeartNoSNS"，是指希望社交媒体用户在传播信息时理解"使用社交媒体要考虑到对方的感受"，并且掌握社交媒体使用中保护自己的方法。特设网站的主要目的是应对社交平台上日益严重的诽谤中伤等问题，提高 SNS 用户的媒介素养，具体功能包括指导用户如何使用平台的"屏蔽""静音"功能过滤自己不想看到的信息，在受到诽谤中伤等攻击时如何应对，以及如何申请删除不当言论等。#NoHeartNoSNS 链接了法务省"网络人权咨询窗口"、总务省"违法有害信息咨询中心"和网络安全协会的"诽谤中伤热线"，为用户咨询提供渠道。

（3）强化规制执行的激励

激励性规制通常可以划分为正向激励与负向激励两种类型，日本规制经济学家植草益提出激励性规制（Incentive regulation），是在维持原规制结构的前提下，刺激被规制企业内部效率改善的积极诱因（植草益，1992）[153]。日本公共机构对社交平台自治的公权力介入并非政府的直接监管，缺乏强制力与执行力，因此，正向激励和负向激励机制能够强化平台自主规制的执行。

第一，正向激励社交平台积极采取阻断侵权信息的传播举措。社交平台无法按照日本《网络服务提供者责任限制法》中的相关规定向被侵权人披露侵权者个人信息的重要原因之一，就是"网络服务提供者对明显侵权行为的判断困难"（SIA，2021）。因此，2021 年 4 月，日本网络安全协会（SIA）制定了《权利侵害明白性指南》，为网络服务提供者对"明显侵权内容"的判断提供参照标准，为社交平台采取自主措施屏蔽、删除侵权内容，以及在法院外向被侵权人任意披露侵权信息传播者的个人信息提供了正向激励。

SIA 制定《权利侵害明白性指南》并非行业组织的自发行为，而是"为推进法院外公开的非诉讼程序，鼓励以民间组织为主体推动民间咨询投诉机构的充实，积累司法案例，总务省对上述措施予以支援"（総務省，2020a）。在政策层面明确了 SIA 与总务省之间的协同合作关系，也为立法机关修订《网络服务提供者责任限制法》提供了支持。反映了行业组织自下而上对社交平台面临的问题以及解决手段等进行积累总结，并反馈给公共机构，公共机构以修订法律的形式予以确认的合作规制形式。

第二，政府监管对平台自主规制的负向激励。日本总务省发布的《关于应对网络诽谤中伤言论的政策工具包》明确指出，"如平台企业不能完善自主规制，或应对诽谤中伤问题无效时，会考虑行政监管的介入，如制定确保平台履行'透明性、说明责任'原则的行为规范，或立法予以规制。"（総務省，2020b）

第四节　讨论：日本社交媒体平台的复合角色属性及其治理

日本社交媒体平台兼顾网络信息中介与媒体的双重角色，这一复合角色属性决定了平台治理模式的"分层式"结构。也就是说，对于作为媒体的社交媒体平台，仍然延续自我规制的路径，依赖传统，平台公司以"先下手为强"式的解决方案强化自治措施，避免政府直接干预。而作为网络信息中介的社交媒体平台，日本政府通过不断调适法律规制保障用户权利，对社交媒体平台和网络信息发布者进行责任追究和责任分配。

表 3-1　日本社交媒体平台角色定位

	平台角色定位	
	媒体	网络信息中介
平台责任	媒体责任	网络信息中介责任
责任性质	社会责任	法律责任
媒介规制	（媒体 + 行业团体）自治	法律规制下有限免责
平台治理	（媒体 + 行业团体）自治	加强法律规制下的有限免责
治理方式	事前监管	事后追责
价值诉求	表达自由	

一、作为媒体的社交媒体平台及其责任

1. 表达自由的"自由边界"

日本宪法第 21 条规定保障"集会、结社及言论、出版等一切表达自由"。美国学者托马斯－爱默生（Tomas Emerson）提出了四种表达自由的价值：自我实现、追求真理、民主决策参与和维持社会安全等（エマースン，1972）。日本宪法学者芦部信喜认为，"自我实现"和"自我统治"是表达自由相较其他自由"优越地位"的依据（芦部信喜，2011）[170]。

"自我实现"价值是指，个人为了形成和发展自身人格，通过语言传达思考和感情并形成文化的能力，是表达自由价值中不可或缺的一部分。"自我统治"价值是指，社会的全体成员可以利用的公开讨论过程参与政策决定。政治领域的表达自由通常是保证其他领域自由的必要条件（築山欣，2012）。

从表达自由的价值论出发划定表达自由的"自由边界"，即将何种表达行为纳入保护的范围，是重视自我实现的价值，还是偏向自我统治的价值，主要根据两者之间的选择、程度来提取与价值相关的表达情境的态度（築山欣，2012）。一般认为，日本宪法第 13 条"不得违反公共福祉"的规定，为表达

自由的"自由"划定了可参照的边界条件。

2. 大众媒体维护表达自由的社会责任

从表达自由价值论出发探讨表达自由与媒体责任的关系，即实现表达自由价值应当承担的主体责任。随着信息传播技术和社会信息环境的变迁，责任主体概念的内涵和外延均发生变化。

第二次世界大战后，日本大众媒体的巨大化和集中化导致媒体新闻报道缺乏多样性，引发如何保障作为信息接收者的公民权利的讨论，商业主义对媒体的影响，以及大众媒体内部的权力集中等问题被广泛讨论。田岛泰彦教授指出，美国的媒体责任可划分为市场模型、自我规制模型、自发模型、委托模型和司法模型等五个责任模型。在英国，媒体责任系统（MAS）是一个由几个功能部分组成的组织化系统，是为了保护信息接收者的媒体自由，抵御国家和产业威胁的唯一民主和安全的手段（田岛泰彦，1995）[181]。

在日本，媒体责任被认为是"试图探讨媒体对公民和社会的责任和义务的适当性质的方法"（築山欣，2012），即强调媒体应当承担的社会责任。媒体的社会责任包括：第一，保障透明度。包括大众媒体企业的资本构成、股份持有方等。第二，保障内部自由。即保障企业内部记者的表达自由，以及编辑权与经营权的分离。第三，第三方监督。以用户为代表的第三方机构拥有对媒体行为的监督权。第四，对因报道受到伤害的受众进行救济。建立业界团体自律机制，保障受众合法权利（山田健太，2021）[75]。

3. 社交媒体平台的媒体责任

从雅虎日本对网暴言论治理的案例发现，该企业采用了"自我规制"责任模型，将自身应当承担的主体责任视为媒体社会责任的一部分，旨在实现公信力和内容多样性的价值诉求。媒体内部的自我限制是有效的责任手段，伦理最终将其视为自己或个人选择的问题，在这样的自我限制系统中，包括伦理纲领、内部矫正机制、发言人、惩戒系统等发挥作用（田岛泰彦，1995）[181]。如果考虑"媒体伦理"的意义，就会发现"是国内外判断媒体活动的善恶、是否忠实于媒体的'为观众、读者知情权服务'的职务责任（duty）的标准"（渡边武達，2004）[156]。

二、作为媒体的社交媒体平台治理

1. 明治时期和战时的言论统制

在《明治宪法》（《大日本帝国宪法》）制定之前，根据改定律例、诽谤律、出版条例、报纸条例等关于言论统制的相关法律，日本表达自由受到法律规制。19 世纪末明治天皇统治时期，《明治宪法》下的相关法规继承了上述关于言论规制的法令内容。尽管明治宪法首次在宪法层面保障了"言论著作印行的自由"即表达自由，但仅限于"法律范围内"，可以采取法律形式来限制（山田健太，2021）[24]。

也就是说，明治时期的表达自由是限定在报纸条例、出版条例、保安条例、集会条例等言论统制法规范围内的自由。在当时，报纸法（报纸机关报条例）、出版法、电影法（活动照片胶卷条例）、私人无线电话规则等一系列法规，从产业和内容两方面对表达自由进行明确规制，形成了对表达自由的法律规制模式。其特点是"并非事前审查，而是内务大臣（警察）以禁止销售、分销和事后扣押的方式对日常言论开展审查"（山田健太，2021）[24]。

第二次世界大战爆发后，随着战争的激化，日本先后制定了《国家总动员法》《言论、出版、集会、结社等临时取缔法》《战时刑事特别法》《治安维持法》《治安警察法》等法律，对战时言论开展严苛规制。例如，根据法律，国家可以取缔出版物的发行等，给表达自由蒙上了一层阴影。

日本战败后，在联合国军事司令部 GHQ（General Headquarters，驻日盟军总司令部）的管辖下，明治时期的言论规制相关法律被悉数废除。但报纸、杂志、书籍等出版物仍要受到 GHQ 的内容审查，如《关于言论及报纸自由的备忘录》禁止反对占领政策的言论。直到 1952 年《旧金山对日和平条约》正式生效，日本重新恢复主权，日本民众和大众媒体才再次获得言论自由。

2. 从"限制言论自由的法律"到"保障言论自由的法律"

《明治宪法》下的言论自由被限制在"法律保留"范围内，由于明治时期存在多项限制言论的立法，并且天皇可以随时制定新的法律限制言论，因此言论实质上是被严格限制的，言论自由则作为"例外"存在（山田健太，2021）[26]。战后言论自由的范式从"取缔体系"转向"自由体系"，从"法律范围内的自由"转向"一切自由"（山田健太，2021）[26]。在此背景下，日本从国家制定法律进行言论控制，转向以保障言论自由为基本理念的法律体系。

日本现行宪法第21条规定，"保障集会、结社及言论、出版和其他一切表达自由。"其特征在于对表达自由的绝对保护，不保护是例外。正因为日本宪法对言论自由的充分保障，使表达者有必要根据自己的意愿来规范表达自由的边界。因此，与其他国家相比，日本以媒体业界为中心建立"自我规制"开展"内在制约"，成为一种鲜明的"日本特色"。

3. "以攻为守"的自我规制传统的确立

战时言论统制的历史使日本传媒业界十分抵触公权力的直接介入与规制。日本新闻出版、广播电视、电影、广告等大众传媒业在战后纷纷成立了行业组织，如日本新闻协会、日本放送协会、日本民间放送联盟等。这些行业组织通过制定行业内的基本编辑方针和伦理纲领，对业界媒体机构的自主行为进行控制（藤井正，2007）。如日本新闻协会制定的《新闻伦理纲领》，对新闻出版业的大部分会员单位具有强大的规制权力。

行业内自主规制的宗旨是承担作为言论机构的社会责任和义务，同时也是为了规避公权力对传媒业的直接规制，即通过提前采取措施降低公权力介入风险的一种"自卫手段"（山田健太，2021）[36]。因此，日本大众传媒行业组织的自我规制尽管没有法律强制力，但有着比法律更强的规制效果。"与法律规制相比，非法律规制的广泛应用可以说是日本特色。"（榎原猛编，1996）

4. "先下手为强"的社交媒体平台及行业自治

日本大众媒体企业与行业组织将自主规制传统延续到社交媒体平台治理上。以雅虎日本为代表的日本企业以积极采取事前监管的态度对平台内的违规内容进行监管，维护良好的网络空间生态。同时，相关行业组织也出台一系列指导方针，为平台自治提供可参照的标准。这些行业组织的特点是：第一，成立时间长。许多行业组织在产业发展之初成立，其会员单位基本涵盖产业内不同规模的企业和组织。因此，行业组织在本领域具有垄断性的话语权，制定的行业规范对会员单位有较强约束力。第二，行业组织相互之间的合作频繁，协同程度高。针对互联网使用出现的某一具体问题，如违法不良信息的应对，行业组织一般采取联合发布行动准则和方针的形式，规范各治理层级的行为主体，使规制能够全面有效。

三、作为信息中介的社交媒体平台及其治理

1. 作为信息中介的社交媒体平台的法律责任

侵权责任设定的经济学宗旨是：当施害人和被害人以合同协商方式解决损害赔偿中交易成本过高的问题时，以侵权责任设定方式使被害人负担伤害成本即负外部性内部化。而且，既然潜在侵权者为了预防风险而采取了某种预防措施，那么有效的责任制度就可以驱使潜在理性侵权者以最优预防措施来使得自己的行为社会总成本达到最小（考特、尤伦，2010）[131]。通过让网络服务提供商承担一部分法律责任，可激励其主动采取自我规制措施，促进网络上权利侵害纠纷的解决。

日本《网络服务提供者责任限制法》是在"不确定是否产生作为义务的情形下，尽可能明确互联网平台在侵权纠纷中不承担损害赔偿责任的免责条件"（奥邨弘司，2011）。其鼓励网络信息中介基于善良管理人角色，主动采取防止侵权信息传播的自我规制手段，同时侧重在自我规制过程中平衡信息传播者的权利保护，防止过度删除行为的发生。并且，赋予权利人对信息传播者的个人信息披露请求权符合诉讼经济原则，也可确保不构成侵权的网络平台免于诉讼，为权利人的诉讼维权提供一定保障。

2. 责任分配：网络信息中介与信息发布者的责任分担

《网络服务提供者责任限制法》对社交媒体平台作为网络信息中介应承担的法律责任进行了分散。平台责任包括保障信息发布者表达自由的责任，保障被侵权人追究信息发布者责任的权利，以及平台内容的"通知—删除"责

任。从责任分配的角度看，社交媒体平台的法律责任做到了责任平衡。作为信息中介的社交媒体平台有义务删除或阻止平台内的违法信息，这与宪法保障的言论自由和通信保密有关。对信息发布者的信息披露，是追究其责任的前提条件，《供应商责任限制法》作为一个特例，排除了《电信业务法》中通信保密条款的适用。

3. 作为信息中介的社交媒体平台治理：事后追责与法律救济

作为信息中介的社交媒体平台治理仍然适用日本《网络服务提供者责任限制法》。日本《网络服务提供者责任限制法》并未规定对"通知—移除"原则的具体实施细节，其实质性免责条件的规则确立，主要依靠既有判例、网络服务提供者实施的自主规制举措，以及行业组织、相关团体等制定的行为规范等综合规则。这种由公共机构制定的法规和民间自主规制相互作用形成的规制框架，具有"合作规制"的属性（Frydman, et.al, 2009）。

作为信息中介的社交媒体平台的法律责任侧重于通过社交媒体平台披露侵权信息传播者个人信息，保障权利人寻求司法救济的权利。由于网络传播的匿名性，当权利人遭遇网络信息侵权时，若无法确认侵权信息传播者个人信息，则在侵权诉讼中只能以网络平台作为被告提起诉讼，可能导致原本无需承担侵权责任的平台被迫参与到侵权诉讼中（王凌红，2013）。赋予权利人对信息传播者的个人信息披露请求权符合诉讼经济原则，也可确保不构成侵权的社交媒体平台免于诉讼，为权利人的诉讼维权提供一定保障。

并且，该法以"事后限制"原则规制社交媒体平台的法律责任。由于政府对平台内信息传播的事前规制将面临巨大的违宪风险，因此，相比对信息传播的事前监控，日本政府更倾向于通过事后的法律救济途径保障权利人相关权利。

第五节　小　结

本章探讨了日本社交媒体平台如何进行角色界定及治理调适，实现维护表达自由的价值诉求的过程。日本社交媒体平台具有媒体和网络信息中介的双重属性，本章分析了社交媒体平台公司对自身角色定位正确认知的重要性，提出对社交媒体平台的不同属性分层治理的必要性。

首先，作为媒体的社交媒体平台治理延续日本大众传媒业"以攻为守"的自我规制传统，雅虎日本等日本大型平台公司以"先下手为强"的积极自治防止政府"监管阴影"介入，社交平台通过设计平台技术架构，制定内容审核规则等方式，履行作为媒体的社交媒体平台的社会责任，例如，在诽谤中伤的言论治理中及时开展事前监管防止事态扩大。并且，日本媒体行业组织成立时间长，组织之间协同程度高。新成立的日本社交媒体协会（SMAJ）等行业组织通过与日本总务省合作，以整顿社交平台用户协议、制定明显侵权言论等违法信息处置标准等方式，介入社交媒体平台自治过程，实现将社交媒体平台内违法不良言论的社会负效应降到最低的价值目标。

其次，作为信息中介的社交媒体平台治理遵循"技术中立"的治理逻辑。主要由日本《网络服务提供者责任限制法》对平台免责进行限制性规定，以正向激励的方式，鼓励社交平台自主制定相关规则和使用技术手段，审核平台内的违规信息。由于事前监管面临违宪风险，日本政府更倾向通过事后法律救济的途径保障权利人相关权利。并且在责任界定和责任分配方面，注意平衡平台内信息发布者、社交平台公司和被侵权人的责任分担，力求表达自由和责任承担之间的平衡。

第四章 个人信息保护与平台权力制约：以保障用户权利为核心

随着信息技术不断迭代更新，平台经济正成为引领产业转型和经济发展的重要驱动因素。与美国"GAFA"（谷歌、苹果、脸书、亚马逊）和中国"BAT"（百度、阿里巴巴、腾讯）相比，日本数字平台产业发展相对滞后，数字平台规模小、普及慢，日本的互联网平台尚未形成能够与国家公权力和用户私权利制衡的社会权力。日本社会对个人隐私和信息数据强烈的保护意识，以及日本传统产业长期形成的数据使用规范是抑制日本平台经济发展的重要原因。

社交媒体平台是最典型的互联网平台，近年来，日本社交媒体平台的蓬勃发展与用户隐私保护之间的冲突屡屡被推向新的高度。尽管日本对个人信息保护已形成较为成熟的监管制度，但随着基于算法技术的人工智能自动化决策系统对用户个人数据价值的不断挖掘，新的社交平台权力风险对既有监管机制提出挑战。本章从个人信息保护的角度，考察日本社交媒体平台权力是如何在与既有法律制度、社会认同和公众接受的互动中被规范和制约的。

第一节 保护个人隐私：日本个人信息保护的法律规制

一、网络传播中不知情的个人隐私泄露

在日本，个人隐私指"不向第三方披露或透露个人信息的自由"（佐伯千种、寶雪，2016）。1964 年的"宴会之后"[1] 案件，东京地方法院在判决中认为，在大众传媒发达的社会中，法律保护个人隐私是个人维护尊严和追求幸福的必要手段。该案首次承认了日本个人隐私中的人格权，隐私权的概念自此在日本被广泛接受。20 世纪 70 年代，计算机处理技术的发展使大量个人信息的获取和使用成为可能。以德岛市实施的《关于电子计算机处理的个人信息保护条例》为契机，很多地方自治体都制定了保护个人信息的法规。

日本在国家层面上保护个人信息的立法起源于 1980 年颁布的《关于隐私保护和个人数据国际流通指导方针的理事会劝告》，其中确立了个人信息保护八原则[2]，要求 OECD 各加盟国在此基础上制定本国的有关法律。为此，日本初代个人信息保护法《关于行政机构保有的电子计算机处理的个人信息保护的法律》在 1988 年发布并于 1990 年 10 月全面施行，主要以行政机构为规制对象。

20 世纪 90 年代，无线局域网和宽带通信的上网环境普及，使日本在家庭环境中使用电脑的用户加速扩大。2000 年，信息技术领域的国际标准化组织和国际电工委员会第一联合技术委员会（ISO IEC JTC1）将 HTTP 认定为一种在互联网上使用的文件格式。HTTP 中使用的 Cookies 是记录用户信息的程序，包括用户输入网站的用户名和密码，访问网站的日期和时间，以及网站被访

---

[1] 该事件的争论焦点是以东京都知事选举候选人为原型创作的小说是否侵犯了原告的隐私权。

[2] 八原则指收集限制的原则、数据内容原则、目的明确化原则、使用限制的原则、安全保护的原则、公开原则、个人参加的原则和责任原则。

问的次数等。如果个人信息被善意使用，网站可以用 Cookie 来识别用户，并在其提供的服务中反映这些信息。但如果 Cookie 被第三方使用，就可能被用于身份盗用，损害用户权利。

此外，互联网普及，技术层面已经实现能让广告商和用户实时协商的电子广告系统（根本博明、山下邦弘、西本一志，2004），以及针对移动用户的信息选择和发布技术（福岛俊，2002），通过开发个人信息的商业价值开展市场营销。由于数字化的个人信息很容易被整合，电子商务经营企业等不当使用个人信息，造成个人信息外泄事件频发，而日本互联网用户对"使用互联网意味着个人信息被传递给其他方面"这一事实的理解度很低（松村真，2007）。因此，需要建立个人信息流通的管理系统保护个人隐私（本村宪、桥本诚、井上明、金田重，2000）。

二、日本《个人信息保护法》：从"保护"到"规范使用"

为了保护个人信息和隐私安全，日本建立了相对成熟的个人信息保护法律体系与管理机制。近年来，个人数据被视作产业经济的"新石油"，日渐成为社会发展重要的战略性资源。采集分析海量个人数据能够给人们的生产生活带来巨大便利，但也滋生了隐私侵犯、数据泄露等数据安全问题。日本政府试图平衡保障公民个人隐私和信息不被侵害与促进个人数据合理、安全、便捷使用和流通之间的关系，建构个人信息保护的基本法律框架。

1. 保护个人信息，防止不当使用

2003 年，以规制民间企业为对象的日本《个人信息保护法》及其相关法律出台[1]，并于 2005 年 4 月 1 日起正式实施，至此，日本个人信息保护法制化的框架基本完成。该法首次将"个人信息"定义为"能够识别特定个人的信息，包括姓名、地址、电话号码等"，规定相关企业在采集个人信息时，需

---

[1]《个人信息保护法》《行政机构保有个人信息保护法》《独立行政法人个人信息保护法》《信息公开——个人信息保护审查会设置法》《伴随行政机构个人信息保护法实施的相关法律整备法》被称为"个人信息保护关联五法"。

要获得本人的同意。因此，日本《个人信息保护法》制定的初衷是防止个人信息的不正当使用，保护个人隐私。

个人信息保护的全面法制化提高了个人隐私保护的社会接受度。换言之，日本民众保护个人隐私的意识非常强，每当出现个人信息泄露或不当使用的商业丑闻时，日本民众和媒体舆论会开展强烈的谴责和批判，这也促使日本民间企业在开展商业活动时，以保护个人信息为前提建立制度规范。

2. 使用个人数据：政府背书下的大数据产业发展

2012 年以后，日本互联网用户从电脑端向移动端转移加速，表现在智能手机用户的迅速增长上。日本智能手机的家庭拥有率从 2010 年的 10% 跃升至 2012 年的 50%（総务省，2015）。智能手机的销量超过传统手机，2012 年因此被称为"智能手机元年"。随着智能手机用户数量增加，存储在智能手机上的个人信息，包括信用卡信息、地址、位置信息、电子邮件和通话记录、电话簿、智能手机摄像头拍摄的图像和应用程序的使用情况等作为一种"数据资源"，成为将 IT 和经营融合在一起的新型商业模式的关键词。

日本总务省《2012 年信息通信白皮书》指出大数据对产业发展的重要意义："在智能手机迅速普及的背景下，数据可以以多样化、多层面和实时的方式产生、积累和存储，这是信息通信技术的一个范式转变，能够提供满足个人用户需求的服务，提高商业运作的效率并创造新的业务。"（総务省，2012a）2013 年 6 月，日本政府内阁通过了《创建世界上最先进的 IT 国家宣言》，标志着日本从国家层面推进利用大数据创建新的产业和服务，并为此致力于发展一个与保护个人信息和隐私相适应的商业环境。

3. 个人数据的去隐私化应用：修订《个人信息保护法》

信息社会数字化与网络化的进一步发展，产生大数据与个人数据利用的要求，科技迅猛发展与传播全球化对个人信息保护提出挑战，在此背景下，日本政府于 2015 年全面修订《个人信息保护法》，旨在"维护个人权益，同时兼顾个人信息的有用性"（第 1 条），对数字经济下企业经营者处理个人信息时应履行的义务进行了规定。

此次修订首先是对个人信息概念的再界定，即将判断"个人信息"的重要依据限定在"个体可识别性"上。因此，"个人信息"包括能够识别特定个体的内容及符号，如姓名、出生年月、住址、电话，以及指纹、声纹、虹膜等生理信息等。不仅如此，内容自身无法识别特定个体，但参照其他相关信息后能够识别特定个体的信息也被纳入个人信息保护的范畴。界定个人信息的概念并明确细致地划分其涵盖范畴，实质上扩大了个人信息保护的范围，为合法合规地采集、统计和分析个人数据奠定了基础。

其次，导入个人信息使用的"匿名化加工"制度，以平衡个人信息保护与合理使用之间的关系。该制度将个人信息中可识别特定个体部分的内容和符号进行处理，使其不再具备可识别性，但仍保留数据有效性，如删除个人数据中的姓名、居住地门牌号、所在街区等具体信息。经过充分匿名加工处理后的数据虽然产生于个人但并不归属于个人，具有一定公共属性，平台对此类信息的使用、交易和共享不需经过本人同意，从而使个人数据的应用和市场流通更加高效便捷。

换句话说，修订后的日本《个人信息保护法》将个人信息分为高度隐私信息和非隐私信息，加强对前者的保护，同时使后者更容易被用于商业和其他目的。同时，设立"个人信息保护委员会"，作为独立的第三方行政机构，对个人信息保护与使用的全流程开展统一监管。

2020年6月，日本《个人信息保护法》被再次修订，强化了个人信息权利、对相关企业自治体制的义务性规定及违法情况下的处罚措施，对社交平台自治体制机制的建立，以及基于算法技术的自动化决策和用户画像的规范起到一定的规制作用。

三、法律规制的局限性

1. 认知不协调：个人数据还是产业数据？

2013年，以促进大数据使用为前提的个人信息保护被多方讨论。其中，日本经济产业省发布了一项民间企业二次使用用户个人信息的指导方针，要求企业只有在获得消费者同意的情况下，才能向第三方转让出售数据。即便如此，日本民众对自己的隐私是否受到保护，以及个人信息被用于大数据仍然感到不安,十分反感个人数据被企业应用于商业目的(松村真,2016)。

这一趋势中,2013 年 7 月,JR 东日本铁路公司向日立公司出售约 4300 万用户的 Suica IC 卡车票的上下车历史信息,作为市场研究数据使用的新闻被曝光,日本民间舆论的批评声愈演愈烈。大众媒体和专家学者批评说,这可能违反了日本《个人信息保护法》的规定,并未向用户告知个人信息的使用情况。

然而,JR 东日本铁路公司解释说,已对用户姓名和其他信息进行了匿名处理,向第三方提供的数据并不包含能够识别特定个人的信息,因此不属于个人信息。尽管 JR 东日本铁路公司与社会公众对个人数据使用上存在认知分歧,但为了平息用户的担忧,JR 东日本铁路公司在后来的新闻发布会中表示,会积极回应用户的删除信息请求,并为没有事先向用户说明情况道歉。

JR 东日本铁路公司售卖用户数据的事件表明了日本企业与社会民众之间对"个人数据"的认知分歧。对 JR 东日本铁路公司来说,出售经匿名加工处理的用户个人信息并未违反日本《个人信息保护法》,当用户个人信息被加工成匿名化的个人数据时,已经变成了可以在产业上下游自由流通共享的"产业数据",能够促进产业发展。日本近代工业化发展过程中,"滚动流通"的数据对于高度分散供应链的有效运作至关重要(クロサカ,2020)。

然而,这一观念延续到当今数字化终端的消费社会中则出现了认知分歧。在终端消费者服务中,即便用户数据的使用目的是产业性质的,但只要它来自用户,就仍然是个人来源的数据(个人数据)(クロサカ,2020)。因此,对于 JR 东日本铁路公司没有告知就将电车上下车记录作为信息出售的行为,用户感到不安和排斥,从而引起了连锁反应。并且,如果将电车的上下车记录和 Twitter 等社交媒体平台持有的用户数据整合起来,就很有可能识别个人身份。这些报道让人们意识到个人信息正在被单独使用,并再次强调了个人信息的处理方式与社会公众个人隐私意识之间的社会接受度问题。

2. 日本《个人信息保护法》的局限性

日本政府已将大数据产业发展纳入经济成长战略,此外,还提出了推广物联网的概念,日本 NTT 集团已经开始建设处理大量数据的基地,目的是把包括从制造业到社会基础设施等行业的数据管理整合到一个巨大的数据中心,并作为大数据进行分析。更多的数据将被收集，作为大数据进行分析并用于经济活动。将个人信息的属性拆分为个人隐私（个体属性）、个人数据（商业属性）和大数据（商业 + 公共），最终目的是实现个人信息价值化和个人隐私保护。必须根据产业发展的实际需求及时制定和修订法律法规，但产业发展对个人数据的使用和既有法律规制之间存在变化与规制回应的时间差。这就需要除了法律规制外，建立一个个人信息使用的可信框架，提高个人数据使用的社会接受度，维护用户个人数据的正当权益，以及限制个人数据的商业滥用，平衡个人信息保护与企业的个人数据使用之间的关系。

第二节　数据权力规范："通过设计"保护用户权利

社交媒体平台的破坏性力量对平台用户权利产生了切实的影响。社交平台依靠与用户之间达成的隐私协议这一私法权力对用户个人信息及其多元化的行为数据进行采集、使用与共享，意图实现最大化的商业利益。本节从日本社交平台引发的用户数据安全问题出发，考察强化社交平台用户隐私保护的几方面尝试，包括企业履行说明责任，将社交平台保护隐私的行为嵌入以智能手机为核心的生态系统架构中，以及加强问责执法的必要性。

一、"通过设计保护隐私"

1. 被平台广泛采集使用的个人数据

"三分钟后，将出现一个罕见的神奇宝贝！" 32 岁的白领吉原望美在抵达 JR 浅谷站的那一刻，收到了来自智能手机游戏 "Pokemon Go" 的通知。看到屏幕，吉原被吸引进了车站前的一家麦当劳，把去超市买菜的事搁置起来。运营该游戏的 Niantic 公司使用 GPS 和其他设备收集用户的行为信息。除了游戏，这些信息还提供给麦当劳等赞助商，用于吸引顾客和进行市场分析。

在该业务推广的前三年，销售额已经增长到 900 亿日元。

用户个人数据采集使用的最大问题是，在用户完全不知情的情况下，对其行为数据等进行追踪记录。用户的个人信息、兴趣爱好和行为习惯等数据，为商业机构追求利润价值最大化提供了资源便利。

表 4-1 部分日本社交平台采集的个人数据

	位置	电话号码	设备信息	Cookie	软件足迹	IP 地址	行为数据
Ameba[1]	√	×	×	√	√	√	√
Niconico 動画	√	√	√	√	×	×	√
Mixi	×	×	×	√	√	√	√
食べログ[2]	√	×	√	√	√	√	√
LINE	√	√	√	√	√	√	√

表 4-1 显示了日本社交媒体公司收集的一些个人数据。该表并不详尽，因为社交媒体平台还收集了许多其他种类的个人数据。但最能说明问题的是，这些日本主流社交媒体平台的数据收集政策没有明显的区别，收集用户数据是所有类型社交媒体平台的默认做法。

日本社交媒体平台在收集用户数据方面很坦率，例如 IP 地址、独特的硬件标识符、软件配置，以及基于 GPS、Wi-Fi 或手机位置的各种定位指标。平台公司广泛的数据收集从根本上偏离了互联网最初的端到端设计，即在端点定位情报、对数据包内容的技术中立性，以及简单地使用 IP 地址作为虚拟标识符（DeNardis & Hackl，2015）。汇总的用户数据使社交平台能够更好地了解用户的偏好和行为，当自我管理不能为人们保护个人数据提供有意义的控

---

[1] Ameba 创立于 2004 年，是日本著名的博客和社交网站，里面有大部分日本明星的博客与个人页面。

[2] 食べログ是日本最大的美食评论网站之一，是日本人订餐厅时经常参考的网站。

制（Solove，2012），"通过设计保护隐私"成为平衡个人信息保护与个人数据规范使用的第三条路。

2. 代码规制："通过设计保护隐私"

美国学者劳伦斯·莱斯格认为，网络空间中"代码即法律"，我们应该构建包含隐私价值的代码，以规范扰乱隐私与其他利益平衡的代码（莱斯格，2018）[6]。"通过设计保护隐私"（privacy by design）即是这一代码规制的具象表征，它强调将隐私保护措施贯穿技术的整个生命周期：从早期设计部署、使用到最终处理，是新时代个人信息保护的重要原则（张涛，2020）。2012 年 8 月，日本总务省发布《智能手机隐私倡议》（総務省，2012b），将"通过设计保护隐私"作为该倡议的基本原则予以确立。

"通过设计保护隐私"包括七项基本原则，这些原则是个人信息保护稳健性的基础。日本总务省 2013 年发布的《智能手机隐私倡议 II》中，对七项基本原则进行了具体阐述：第一，事前的而不是事后的，预防的而不是补救的。该原则要求在侵犯隐私事件发生前就对其进行预测和预防，通过技术预防隐私风险发生。第二，在初始设置时开启隐私保护。该原则强调技术系统中对隐私保护的默认设置，即便用户未采取任何措施也能确保个人信息安全。第三，将隐私保护机制嵌入系统结构中。该原则要求隐私保护成为信息技术系统和商业运作体系结构的一部分，是移动应用系统核心功能的重要组成。第四，充分发挥自身功能，正和（Positive-Sum）而非零和（Zero-Sum）。该原则期望通过双赢的方式兼顾个人隐私保护和个人数据的合理使用，通过规避风险的方式达到合法利益和目标。第五，数据在全生命周期都受到保护。该原则将个人信息的采集、使用、共享、保存和删除看作一个系统周期，要求"通过设计保护隐私"的理念贯穿整个过程。第六，确保隐私保护运作机制的可见性和透明度。该原则要求打破技术设计的黑箱，基于信息公开、正当程序等原则确保各利益相关者个人信息保护与使用的可见性，并受到独立验证。第七，最大限度尊重用户隐私。该原则要求技术设计者提供用户直接参与个人隐私保护的方式，如隐私默认设置、适当通知、授权用户友好选项等，最大限度维护个人利益。

日本"通过设计保护隐私"的基本理念是：要求相关企业在开发适配智

能手机的移动应用和服务、应用商店，以及相关软硬件末端时，要将"确保用户个人信息和隐私得到尊重和保护的价值理念"提前嵌入技术设计，从保障用户权利的视角出发，设计开发应用程序和服务。

"通过设计保护隐私"这一概念为社交平台公司对用户个人信息保护技术架构标准的制定提供了一个参考框架，它要求平台运营者对产品或者服务进行设计时，将个人信息及隐私保护机制从业务结构、规模、数量以及敏感度上联系起来，这种风险预防思想克服了以往仅仅依靠告知及选择机制进行信息采集的缺陷，使平台运营者乃至用户都能参与整个企业运作及个人信息保护过程，从而有助于提高社交平台个人信息保护能力及主动性。

3. SPI8 项目：平台隐私政策的实践指南

"通过设计保护隐私"的一个主要障碍是法律与技术在话语和概念上的差距（Rubinstein，2011），可以以制定技术标准的形式，落实"通过设计保护隐私"的实践指南。隐私政策是社交平台以合同法形式向用户告知个人信息使用与保护的具体形式，制定隐私政策的规范标准可看作是对"通过设计保护隐私"原则的具体化延伸。

2012 年，在日本总务省发布的《智能手机隐私倡议》中，对移动应用服务隐私协议中应当包含的内容进行了具体的规定，即 SPI8 项目，明示了社交平台隐私政策的合规性框架，要求隐私协议中包含以下内容：（1）获取个人信息的移动应用服务提供者的姓名或名称。（2）列举说明需要采集的用户信息类目和内容。（3）明示个人信息采集途径，标明用户信息是由用户输入获得，抑或自动采集获得。（4）明示个人信息使用目的，以及使用目的和获取个人信息项目之间的关系。（5）通知、公布或获得用户同意的方法，以及用户参与的方法。（6）是否存在向外部转移个人信息，与第三方共享个人信息，以及在服务内嵌入第三方 SDK 目录的情况。（7）明示联系方式，以应对用户对个人信息相关问题的投诉和咨询。（8）说明隐私协议变更时的程序。

尽管日本总务省以 ISP8 项目对隐私协议的最低标准做出规定，但由于不具有强制力，并非所有社交平台都能在隐私协议中详细地披露相关信息。特别是大型社交平台公司，其与中小型社交平台公司之间的态度差异非常明显，需要更具强制力的监管措施和问责机制。

二、隐私政策中的个人信息保护：一个文本分析研究

社交媒体平台的隐私政策旨在以私人契约的形式告知用户个人信息处理原则和措施，达到平台与用户之间的信息保护共识（张小强，2018）。当前，制定隐私政策以明确平台对个人信息的使用规范，已成为平台自治规制的主要措施之一。日本多家社交媒体平台都制定了隐私政策，就隐私政策的规范程度及自律效力而言，需要纳入政府规制框架予以综合规划。本节结合日本总务省的 SPI8 项目，选取 6 家日本主流社交媒体平台的隐私政策作为内容分析的文本，从数据采集、关联方共享、告知与同意等方面，对其合规性进行考察，并评估这些政策如何在制定中嵌入"通过设计保护隐私"的原则。

1. 分析方法

隐私协议是确保实现社交平台对用户个人信息使用的透明性及用户参与机会的核心手段。结合日本总务省 SPI8 项目，本研究制定了对日本社交平台隐私政策合规性的具体审查要素，如表 4-2 所示。具体选取 Yahoo！Japan、LINE、Mixi、Ameba、Smart News、Niconico 動画等 6 家日本主流社交媒体平台的隐私政策作为内容分析的文本，从实名认证、信息关联共享、信息采集第三方告知与同意等方面，对其合规性进行考察。

表 4-2 日本社交平台隐私协议文本分析

社交平台	①提供者名	②收集信息目录	③信息收集方法	④明示使用目的	⑤信息关联共享的说明		⑥"告知—同意"获取信息、用户参与方法		⑦平台联系方式	⑧隐私协议变更时的告知
					1	2	1	2		
Yahoo！Japan	√	√	√	√	√	√	√	×	√	×

续表

社交平台	① 提供者名	② 收集信息目录	③ 信息收集方法	④ 明示使用目的	⑤ 信息关联共享的说明		⑥ "告知—同意"获取信息、用户参与方法		⑦ 平台联系方式	⑧ 隐私协议变更时的告知
					1	2	1	2		
LINE	√	√	√	√	√	√	×	√	√	√
Mixi	√	×	×	√	√	×	√	×	√	√
Ameba	√	√	×	√	√	√	√	√	√	×
Smart News	√	√	√	√	√	√	√	√	√	×
Niconico动画	√	√	√	√	√	√	×	√	×	√

2. 数据采集：小心谨慎的实名认证

不同的社交媒体平台对于用户是否可以选择保持匿名，或者至少创建一个在线角色向公众掩盖他们的身份有不同的政策（表 4-3）。

表 4-3 社交媒体平台实名认证政策

	实名注册	附加信息	公共表示
Ameba	邮箱注册	性别、出生年月	真实姓名或化名
Niconico动画	邮箱注册	性别、出生年月、所在国家、所在地域	真实姓名或化名
Mixi	邮箱注册	性别、出生年月	真实姓名或化名
食べログ	第三方 ID 注册	无	真实姓名或化名
LINE	手机号码注册	年龄确认	真实姓名或化名

续表

	实名注册	附加信息	公共表示
GREE	手机号码注册、邮箱注册或第三方ID	出生年月、性别	真实姓名或化名

"实名制"不是指用户是否使用"实名"，而是指信息的汇总，"无论它是否可以与特定的个人联系起来"。因此，它的范围很广，涵盖了可以导致识别个人的个人信息（折田明，2012）。由于实名制与日本宪法规定的"保护通信秘密"的表达价值相冲突，因此，日本社交平台大多对能够识别的个人信息持"小心谨慎"态度，为用户提供了相对匿名的可能性。

一般情况下，用户注册社交平台账号时只需要提供电子邮箱，并可以使用假名或昵称公开表示自己。也有一些平台要求用户使用手机号码注册，如雅虎日本、LINE。这是一种间接的个人确认方式，平台公司可以经由用户手机号掌握用户的年龄信息以及相关个人信息的情况。特别是附加信息中用户出生年月的信息提供，对确认用户是否是未成年人十分重要。

3. 数据关联方共享：规范个人数据使用

关联方共享，指互联网企业将应用平台收集到的用户个人信息，与其他关联公司、合作机构共享。日本社交平台隐私政策的关联方，既包括平台同一公司旗下的子公司，也包括与平台有业务往来的合作伙伴。关联方信息共享加大了个人信息失控风险，同时也增加了数据泄露的可能性与数据保护的难度。由于信息共享和转让涉及多方主体，明确权责即厘清数据共享主体的权限范围以及责任尤为重要。

（1）与谁共享

SPI8项目要求平台隐私政策明示向第三方提供信息时第三方的企业类型，主要分为同一公司旗下的子公司，以及有业务合作的企业，包括信息提供方、广告营销方等。6家日本社交平台公司均对信息关联共享进行说明，其中，作为日本头部平台公司的Yahoo！Japan在隐私协议中对信息共享第三方企业的说明最为详细。由于集团内部的个人信息共享与外部第三方企业的个人信息共享，在信息共享的范围、方式和目的上存在差异，因此，Yahoo！Japan 以明示公司旗下子公司清单的方式，向用户告知第三方企业的具体形态，区别用户信息共享的原则、范围和目的。

（2）明确区分受保护的"个人信息"与匿名使用的"个人数据"

日本社交平台隐私政策一般将采集到的个人数据分为可识别用户特定个人的信息和一般信息。根据日本《个人信息保护法》，能够识别特定个体的个人信息受法律保护，在数据共享时需要向用户进行特别说明。如 Yahoo！Japan 的隐私协议中，与第三方共享的用户数据范围"不包括姓名、住址等能够识别特定个人的信息"。Mixi 与第三方共享的用户数据仅限"无法识别特定个人的信息"。

但也有社交平台明确表示会将可识别特定个体的个人信息与第三方共享。如 LINE 的隐私协议中明确写道，"为提高服务品质、或适配广告而与其他关联公司共享数据时，会分享能够识别用户的信息"，并按照关联方的隐私政策处理信息。同时，LINE 强调了对可识别个人信息共享的最小限度原则。

除了对可识别个人信息共享时进行特别说明外，一些社交平台隐私协议中也说明了对匿名加工信息的自由使用。因此，一些社交平台在隐私协议中明示了匿名加工信息的使用行为。如 Mixi 强调，"本公司可能将采集的个人信息加工成不能识别个人的统计数据。对于不能识别个人的统计数据，本公司可以自由使用。"

此外，日本社交平台隐私协议中明示了不同类型关联方企业的不同数据共享范围和使用目的。如 Yahoo！Japan 在与子公司共享数据时，数据范围包括可识别特定个人的属性信息、行为数据等，以提高服务品质、开发子公司新服务、适配广告内容等。但与外部合作公司共享数据时，则明示不会共享可识别特定个人的个人信息，如联系方式、金融信息、位置信息等。

4. "告知—同意"原则

"告知—同意"原则的初衷是保障用户对个人信息的控制权利。其中，"告知"即以隐私政策为体现的条款陈述，"同意"则是用户通过点击同意按钮，实现对隐私条款的接受行为。一般情况下，社交平台与本公司以外的第三方企业共享用户数据时需得到用户的知情同意。

知情同意原则的实践机制分为"选择进入"（opt-in）和"选择退出"（opt-out）两大类型。"opt-in"是平台系统不会自动利用用户信息的一种方式，如果用户想融入系统，就必须通过多种方式做出明示意义，例如在网页上进行选择或者回复邮件和电话。平台对用户信息的每一次收集和使用都需征求用户同意。"opt-out"指用户对平台授权即被视为自动纳入系统，用户在使用平台期间如未做出与原授权相反的意思表示，即视为授权持续有效。

当前大部分社交平台均采取"opt-out"的知情同意模式，以减轻平台维护个人信息的运营成本，增加个人信息使用的灵活度。然而，隐私协议中的知情同意多以用户"授权使用即视为同意"，也就是默认授权与直接共享，然而缺乏监督机制的知情同意原则并非权利与义务的对等。

三、一元化监管：个人信息保护委员会的监督机制

规制过程是由创立规则、合规监督、规制实施三个环节构成（高秦伟，2019）。2016 年 1 月 1 日，日本正式设立个人信息保护委员会（PIPC），该委员会作为内阁总理大臣下辖的一个行政委员会，把原属于政府各省主务大臣在相关方面的监管权让渡和集中在个人信息委员会手中，建立起一元化的日本个人信息监管制度，从而达到完善"通过设计保护隐私"的监管机制。

如果将平台公司自治视为市场行为，那么个人信息保护委员会则是具有行政强制力的外部监督和规制机构，通过有针对性地对相关领域个人信息保护实施监管，为日本《个人信息保护法》的实施提供必要支持，在落实平台企业完善个人信息保护的体制机制，对违规行为采取行政指导、命令和罚款等具有强制力的处罚措施方面发挥重要作用。

1. 创立规则

在"保护个人正当权益并兼顾合理个人信息以促进产业创新"（個人情報保護委員会，2019）的指导原则下，PIPC 以《个人信息保护法》为基础，制定了平台企业个人信息保护的基本方针。包括《个人信息保护法实施指南》

的《综合篇》《向国外第三方主体提供信息篇》《向第三方提供信息时的确认、记录义务篇》《匿名加工信息篇》《认定个人信息保护团体篇》等，对个人信息的采集、处理、使用、分享全周期中，个人信息保有者应执行的行为规范进行了细致的规定。

例如，日本《个人信息保护法》严格规范了对"opt-out"的监管机制。基于"opt-out"获得用户授权同意的企业，有义务向个人信息保护委员会备案，备案内容应包括第三方企业的名称、地址、向第三方提供的个人信息的获取方法等。并且，与第三方共享的信息内容有必要"事先通知本人"或"使本人容易知晓的状态"。个人信息保护委员会接受相关备案后，会遵循《个人信息保护法》的相关规定，在官方网站上公开备案内容（個人情報保護委員会，2017）。

2. 合规监督

PIPC 具有相应的行政执法权，可以以行政指导、行政意见、征收报告、进入调查等形式对个人信息保有者进行监督。如果存在违法行为，PIPC 可以采取行政劝告、行政命令、行政处罚等方式进行惩戒。

并且，PIPC 有权授权个人信息保护组织开展认证业务。经授权的个人信息保护组织（認定個人情報保護団体）可以以民间自治的形式促进本行业领域的相关企业完善个人信息保护机制。例如，移动通信产业领域经授权的个人信息保护组织是"移动通信内容论坛"（Mobile Content Forum, MCF），MCF 以制定《移动通信内容行业个人信息保护方针》的形式，规范本领域个人信息采集、管理、分享等全数据生命周期中个人信息保护的具体方针，以及相关企业应建立的安全管理措施等自我规制的规范。

MCF 是 PIPC 对社交平台个人信息保护自治进行间接规制的"控制节点"，作为行业组织深入知悉本行业企业的运营特性，其制定的自我规制规范更符合社交平台运营的需求。并且，MCF 经 PIPC 授权而具有一定的行政执法权，可以对对象企业采取行政指导、行政劝告等措施，具有一定的行政执行力，保障对象企业按规范保护个人信息。

第三节　算法权力制约：基于透明度原则的 算法架构设计

算法已成为指导我们日常生活的主要过程，基于算法的服务一直在快速增长，日本也不例外。算法被嵌入人们日常生活中熟悉的互联网服务中，如搜索、社交网络、视频和网上购物，帮助或指导用户行为，如寻求信息、获取热点新闻（趋势）、与有类似兴趣的人互动、查看和使用内容以及购买产品（平井智，2021）。在海量数据驱动下，算法崛起为社会中新的权力形式，"通过算法实现权力"展现了嵌入互联网平台公司设计和运营中的算法对人们的日常生活和交流施加影响力的过程（Lash，2007），因此，制约算法权力是规范社交媒体平台权力的必然选择。

一、限制算法权力：基于用户画像规制的案例分析

作为个性化推荐算法的代表性应用，"用户画像"（profiling）一般指"使用个人数据和算法来分析或预测特定个人的兴趣、偏好、能力、可信度、智力或行为"（プロファイリングに関する提言案，2019）。通过获取和积累大量的用户个人数据，使社交媒体平台预测、估计和评价个人成为可能。这大大提高了社会效率，但一旦利用特征分析技术选择了显示给每个人的信息，算法就会预测每个人可能感兴趣的信息，并确定该人将看到的信息范围，人们可能会成为算法的附庸，失去自主权，从而产生歧视，或对个人决策产生影响。

在日本，相关法律法规中并未直接对使用个人数据进行用户画像的行为做出明确规范，与之相关的是2015年修订的《个人信息保护法》中增设的"需要考虑的个人信息"（要配慮個人情報）。它是指"包括种族、信仰、社会地位、病史、犯罪记录、个人因犯罪而受到伤害的事实，或内阁政令规定的

在处理中需要特别考虑的任何其他个人信息"。

因此一般来讲，采集及使用"需要考虑的个人信息"时，原则上需要本人的同意授权。这是因为"需要考虑的个人信息"具有一定的敏感性，可能在算法技术处理过程中对可识别的个人产生歧视、偏见等问题，可能对个人造成不公正的待遇或其他不利影响。

1. 出师不利的雅虎信用评分服务

2020年6月底，雅虎日本公司宣布将在同年8月底结束雅虎信用评分服务（Yahoo！score）。对终止该服务的原因，雅虎日本解释如下："在全面考虑了当前的情况后，我们决定无法提供令客户和合作伙伴满意的服务。"

雅虎信用评分服务是雅虎日本2019年9月推出的服务，类似于我国的芝麻信用，可基于相关用户数据，将用户的信用度以评分的形式量化计算出来，然后在征得用户同意后提供给合作伙伴。信用分数高的人将得到雅虎合作公司的优惠待遇，如优先获得人力资源服务方面的工作机会等。

雅虎日本对其分析数据的选择标准非常谨慎，在帮助页面中特别指出，不会使用可能导致不公平打分的歧视信息（例如敏感的个人信息、性别或职业）。然而，尽管拥有庞大用户群的雅虎做出了向用户解释说明、设置"不生成信用评分"选项等种种努力，这项服务仍没有深入人心，在日本社会舆论的强烈反对下，最终出师未捷身先死，以停止业务告终。

同样是用户信用评分服务，在我国，阿里巴巴旗下的蚂蚁金服信用评分"芝麻信用"已被广泛使用数年之久，拥有大量的用户。但在日本，这一基于用户数据的算法服务却无法推行，为什么会产生这种差异？

可能的原因是：由于日本并没有对平台公司的用户画像规则进行明确规范，雅虎日本信用评分服务发布初始，其对用户信用分数的计算和使用是默认"开启"设置的，并没有获得用户的同意，这很快招致社会舆论的批评，因为这与大众企业应当保护个人隐私和用户权益的观念相抵触。尽管该规范后来得到了改进，设置了默认情况下"关闭"，但仍然无法挽回社会负面印象，每当用户提到雅虎信用评分时，他们首先会说："哦，它未经我们同意就使用了个人信息"。这一社会评价导致没有用户愿意使用这项服务，最终使雅虎信用评分的社会推广以失败告终。

2. Rikunabi 事件与个人信息不当使用

雅虎信用评分的社会推广失败表明，日本平台公司对用户数据的采集和使用完全基于市场原理规则。作为用户的消费者权益对日本企业的市场生命具有生杀大权，因此，对企业市场行为具有强大的规范力量。例如，2019 年 8 月发生的 Rikunabi（リクナビ）公司不当使用用户个人信息的事件，在日本社会造成强烈反响，直接推动了日本《个人信息保护法》的再次修订。

Rikunabi 是日本最大的就业信息社交平台，每年约有 80 万求职学生注册，以及近 3 万家企业会员。自 2018 年起，Rikunabi 开始用 AI 分析以往求职者的网站浏览模式与内定辞退的相关性，将此数据套用在正在找工作的求职者身上，预测其内定辞退率，并将求职者的"内地定辞退率"售卖给相关企业会员。

尽管 Rikunabi 表示，求职者在网站注册数据时，均须阅读网站使用规定并勾选同意后，才能继续使用服务，而规定中包含用户"同意 Rikunabi 将个人信息提供给企业用户开展业务目的"，因此并不违反日本《个人信息保护法》；但此说明引发平台用户的极大反弹，以及广泛的社会舆论批评。

尽管没有证据显示有企业利用此数据来决定录取，但若两位同样条件的求职者，因 AI 预测内定辞退率不同而导致不同的求职结果，必然会产生社会不公和歧视。因此，日本社会层面普遍对 Rikunabi 失去信任，许多求职者表示不会再使用 Rikunabi。

Rikunabi 事件发生后，日本个人信息保护委员会对 Rikunabi 平台运营方执行了行政意见和指导，认为即便求职者勾选同意，由于 Rikunabi 未向求职者清楚说明数据的使用方式，因此是否算是取得同意仍有争议。并且，在求职者不知情的情况下对外散布对其不利的数据，即便在形式上得到同意也应当视为无效。由于日本个人信息保护委员会介入调查，以及日本社会公众的强烈反对，Rikunabi 召开记者会公开道歉，并停止销售相关数据服务。

Rikunabi 事件暴露了当时日本《个人信息保护法》的短板，即法律并未明确规定，是应根据信息保有者掌握的用户个人数据，还是应根据信息共享关联方掌握的数据判断个人信息的可识别性。并且，对用户画像是否需要正式的授权同意也未作明确规定。特别是平台方进行用户画像时，具体应当如何向用户说明，仍然存在很大问题。在没有明确制度规范的前提下，日本平台公司想要超前使用用户数据开展服务，会受到来自社会规范的强烈抵制，进而伤及企业社会信誉和用户信赖，造成企业商业利益的负效应。

二、规范算法权力：法律规制回应

Rikunabi 事件直接推动了日本《个人信息保护法》的修订。2020 年 6 月修订的日本《个人信息保护法》（2022 年 4 月实施）中，以"明确个人信息的使用目的"为核心，强化了平台用户画像行为的法律规制。

1. 禁止基于敏感信息的用户歧视

修订后的日本《个人信息保护法》规定，"处理个人信息的企业经营者，不得以可能鼓励或诱导非法或不公正行为的方式使用个人信息"，从而明确禁止了平台企业不当使用个人信息的行为。2021 年 8 月，日本个人信息保护委员会将"通过招聘和选拔方式获得个人信息的企业经营者，在没有正当理由情况下，仅依据个人信息中的性别、国籍等特定属性歧视个人的行为"列为非法或不当使用个人信息的具体情形之一，这一规定显然受到 Rikunabi 事件的影响。该解释明确了对他人歧视行为的不正当性，在一定程度上对用户画像行为起到了实质性的规范作用。

2. 规范平台企业的说明责任

2020 年修订的日本《个人信息保护法》要求，"保有个人信息的企业经营者处理个人信息时，应尽可能说明使用目的。"并且，"企业经营者说明使用目的时，不能简单地以抽象或笼统的方式说明，而需要使用户看到说明时，能够以一般和合理的方式假设个人信息最终将用于什么业务，以及处理个人信息的企业经营者将出于什么目的使用个人信息。"（個人情報保護委員会，2021）

这是以目标导向为标准，对平台公司用户说明责任的具体规范。根据日本个人信息保护委员会制定的相关方针，企业笼统说明使用目的的情形如"用于商务活动"或"用于市场营销活动"将不被认可，因为此种说明下，用户并不能明确知晓个人信息用于何种目的；而需要加以具体阐述，如"使用您的浏览记录、购买记录等信息，向您推荐符合您兴趣和偏好的产品和服务的广告"或"分析您的行为数据计算信用评分，并向第三方提供"，向用户详细说明用户数据的使用目的。

3. 完善"知情同意"原则

改进用户知情同意的规则成为社交平台提高社会信任，履行社会责任的选择。2020 年修订的日本《个人信息保护法》规定，即便供应商无法根据用于存储浏览历史的 Cookies 和其他个人数据识别个人，如果其他公司可以通过这些个人数据识别个人，则供应商必须在向其他公司提供个人数据之前征得用户本人同意。2019 年 10 月，Yahoo！Japan 默认设置"不同意"向第三方提供个人信息。与除非用户拒绝，否则允许平台向第三方提供个人信息的系统相比，雅虎用户中允许向第三方提供个人信息的用户数量可能大大减少，但这一行为也为雅虎树立了尊重用户个人信息处理权利的声誉。

三、规范算法设计：平台企业自检清单

当社交平台公司因用户个人数据的不当使用而对个人隐私产生侵害时，政府可以采取必要的立法措施予以规制。但平台公司如何健全完善用户画像的合规机制，确保用户数据使用行为符合法律规制，需要相关的标准规范。在日本，行业团体作为协调用户与平台公司之间利害关系的中间节点，通过制定算法设计自检清单，为平台公司建立保障公共利益的算法设计提供了可参照的标准。

2018 年 12 月，由日本民间 IT 企业发起成立的"个人数据＋α"研究小组发布了《关于用户画像的建议草案》以及《关于用户画像建议草案的中间报告》，主张构建由政府、行业组织和民间企业组成的合作规制框架，对用户画像行为进行规范。

《关于用户画像建议草案的中间报告》将使用算法进行用户画像分为：规划和设计、数据采集、数据处理和分析学习、运行和评估 4 个阶段，以"自检清单"的形式列出了平台企业在上述数据处理阶段应执行的自我规制措施。

尽管检查清单不具备行政强制力，平台企业是否按照清单进行自治是自愿行为，但正如《中间报告》所指出的，"通过清单的形式提醒平台企业在设计算法时明示'通过用户画像想要达到什么目的'"从而获得用户的信赖和履行企业社会责任。

表 4-4　算法设计自检清单

数据处理阶段	Check List	说明
1. 规划和设计	确定引入用户画像是否合适	在规划和设计阶段，明确分析引入用户画像能够实现的价值和利益
	明确是否进行用户画像及出于何种目的	清楚了解正在进行的用户画像，以及为了达到何种目的
	考虑引入"设计伦理"（ethicsbydesign）的概念	从降低法律和伦理风险的角度进行技术设计
2. 数据采集	数据采集的正当性	正当采集用于用户画像的输入数据
	完善数据采集时的用户界面	在设计上为数据主体的意志决策提供实质性支持
	充分预想数据集可能出现的偏差	检查数据集的偏差
3. 数据处理和分析学习	预想分析、评估阶段可能产生隐私侵犯风险	分析评估用户画像是否可用时，考虑其可能产生的隐私侵犯风险
	考虑引入兼顾公平性的深度学习技术	考虑在产品目标范围内采用兼顾社会公平和反歧视的技术措施
	引入具有可问责性的模型	在考虑导入具有可解释性的模型，以及识别用于分析用户画像的数据时，应考虑数据模型的可问责性（accountability）、可说明性（explainability）、可解释性（interpretability）和透明度（transparency）
	兼顾其他社会价值	兼顾公平性、可问责性、透明度以外的社会价值

续表

数据处理阶段	Check List	说明
4.运行和评估	考虑引入人工参与原则	考虑对使用用户画像的评估过程的人工介入
	兼顾可问责性	兼顾可问责性
	实施安全管理措施	考虑用户画像的结果对特定个人影响的重要性，注意完善安全管理措施
	确保数据内容的正确性	确保数据内容的正确性
	制定信息披露和纠正程序	完善应对被评估者的投诉处理路径

　　平台企业自检清单的特点是对用户个人数据的全生命周期每个阶段的算法设计进行规范。如与日本《个人信息保护法》中"明确告知个人信息使用目的"的条款相呼应，自检清单对具体的个人数据处理过程中，企业应当对是否正在进行用户画像分析，及正在进行的用户画像分析的类型、内容及目的予以明示。在分析和评估敏感信息时，应考虑侵犯隐私的风险。清单同时指出，为了规避算法完全自动化决策的内生风险，"通过制定适当的程序和机制予以解决"。企业自检清单在基础法律规制之上，制定了更加细致和完善的自律规范。

第四节　从"限制"到"规范"：防止"公共俘获"

　　有一种观点认为，日本很难发生"数据主导的创新"（クロサカ，2020）。日本没有 GAFA、BAT 等具有国际影响力的跨国平台公司，并且在全球数字经济市场中的存在感并不高。日本信息系统用户协会（JUAS）和野村综合研究所 2018 年合作开展的"数字化举措的调查"结果显示，认为日本企业的数字化与欧美企业相比"多少有些落后"的受访者占 41.8%，认为"非常落后"的受访者占 38.8%，也就是说，有八成的受访者认为日本企业的数字化较欧美国家相对落后[1]。

这也从侧面表明，在日本，互联网平台公司虽在崛起和扩大影响力，但并未形成具有垄断性的市场权力。其根源在于，日本既有的法律、市场规则和社会规范等要素对平台企业发展的制约性非常强大，防止了互联网平台在其他领域的"公共俘获"。法律、市场和社会对日本社交媒体平台的权力制约经历了从"限制权力"到"规范权力"的过程，以维护用户权利作为基本价值诉求展开，试图实现商业利益与公共利益的再平衡。

一、日本数字产业发展中的个人信息保护

管理学者彼得·德鲁克将农业社会、工业社会之后的下一个经济社会称为知识社会或信息社会，并说这个过渡期将持续约 30 年（五味史充，2018）。工具的发明一直是社会发展的催化剂，给经济带来革命性的演变和发展。在工业社会，工业革命将动力来源从牛和马变成了蒸汽，提高了运输和制造业的生产力。在信息社会，人类控制的范围进一步扩大到全球。得益于信息技术的不断发展，数字经济社会、物联网和互联网平台崛起，给既有产业和市场带来巨大冲击。将个人信息保护放在信息社会和数字经济的大背景下，才能理解个人信息保护背后的权力结构以及相关主体间的权力关系（雷丽莉，2019）。

表 4-5　日本数字产业发展历程

发展阶段	年代划分	产业阶段	产业政策（公权力）	技术创新（私权利）	社会接受（私权利）
工业社会 Society3.0	1945—1989	大众媒介	—	电力、石油、汽车	—

---

[1] https://juas.or.jp/cms/media/2017/03/Digital19_ppt.pdf

续表

发展阶段	年代划分	产业阶段	产业政策（公权力）	技术创新（私权利）	社会接受（私权利）
信息社会 Society4.0	1990—2004	PC 互联网	促进先进信息和通信社会的基本政策（1998）	互联网	无意识
	2005—2012	移动互联网	—	移动互联网	无意识
	2012—2015	移动互联网	打造世界最先端IT国家宣言（2013）；灵活使用大数据	智能手机	反抗：JR铁路（2013）；调适：2015修订法律
超智能社会 Society5.0	2016年至今	智能物联网	第五期科学技术基本计划（2016）与打造Society5.0智能社会	IoT、AI、Big data	反抗：rikunabi、雅虎信用评分；调适：2017修订法律、反垄断法

1. 市场经济的逻辑起点：保护私权利

一般来讲，市场经济将市场作为资源配置以及组织和管理经济活动的工具，基于不同市场主体在市场上开展交易活动。所以说，市场经济实质上就是交易，交易以权利与权益为客体。也就是说，通过认可个人人格，肯定并保护财产权利是市场交易进行的前提。由此可认为市场经济的法律基础在于私权利（包括财产权利与人身权利）的保障。

保护私权利之核心是保护私权利免遭公权力侵害，亦即公权力和私权利博弈逻辑之开端。权力的实质就是"统治"，也就是一方对另一方施加影响和统治的权力。马克思·韦伯指出，"权力意味着在一定社会关系里哪怕是遇到反对也能贯彻自己意志的任何机会，不管这种机会是建立在什么基础之上的。"（马克思·韦伯，1997）[81] 从这个意义上说，所有的制度体系都反映了权力关系，以及通过统治和反统治的历史进程谈判出来的对这些权力关系的限制（Castells，2007）。权衡公权力和私权利，必须构建公平合理的交易秩序并限制公权力对其的过分介入。

2. 作为私权利的个人信息在日本产业市场中的位置

第二次世界大战战败后，日本通过复苏以制造业等为代表的第二产业重新获得了国家财富，实现了发达的工业市场（クロサカ，2020）。1913 年，美国技师福特首先试用皮带流水线来组装汽车零件，此后这条传送带式流水生产线便逐步成为现代化的象征。日本积极吸取这一先进生产方式，细化分工、实现机械化，使日本企业劳动生产率大大提高，标准化产品得以批量生产（李丹丹，2015）。

为了提高质量、稳定供应，并且为那些工业生态系统中的顶级掠食者企业——例如负责组装和销售汽车的汽车制造商——规避风险，生产系统的分工不断推进，构建关联企业的供应链成为理解生产活动的基本前提，而规范产业数据的使用和共享成为理解这一生产活动的基本理念（クロサカ，2020）。所以，准确把握消费者个人信息并及时获知其消费偏好就成了企业获得利润的重要支撑。

而到了"数据驱动型经济"时代，用户个人数据与传统产业数据的不同之处在于，它具有"非竞争性消费"和"外部性"等特点。平台公司为提供数字服务而进行的个人数据交换往往是以零售价格进行的，两者之间存在的信息不对称使得个人数据的价值难以衡量。此外，数据也被定性为社会物品、共享物品和公共物品，解决社会问题需要将数据作为共享物品和公共物品来对待和利用（岩田一政，2020）。所以，日本在平台经济及数字产业发展过程中所遇到的难题，就是如何协调好行业之间个人数据流动共享与个人信息保护的关系。

二、商业扩张、产业发展与社会规范的三重博弈

1. 从"限制"到"规范"：平台权力制约

2008 年以前，日本互联网领域的创新创业一直被传统产业的垄断力量挤压和打击。例如，Livedoor 是堀江贵文创立并推广的博客服务平台，2005

年，Livedoor 想要收购富士产经集团的核心公司"日本放送"，从而将互联网和电视业务进行融合，但遭到日本大众传媒业界的强烈抵制。2006 年，在 Livedoor 被调查和堀江社长被捕后，日本共同通信社和产经新闻报业集团停止向 Livedoor 发新闻稿，使 Livedoor 的新闻业务陷入困境。这一特点表明，日本数字产业的发展无法催生出如 GAFA 那样的大型数字平台企业，传统产业秩序和结构对新兴企业的发展有着极大的制约作用。

随着信息技术的迭代更新与数字产业发展，大众传媒作为信息守门人的角色和功能已经丧失，来自上层信息的有序分配已经崩溃。社交媒体平台的数字权力不在于其作为在线中介的角色本身，而是其使用数字技术，基于数字环境中特有的市场和商业逻辑，能够预测用户行为并产生广告收入。在数据驱动型经济时代，日本政府接连推出"创建世界最先进的 IT 国家宣言""Society5.0"等发展数字经济的产业政策调整战略，并致力于发展一个与保护个人信息和隐私相适应的商业环境。

自上而下的产业发展政策与自下而上的企业发展需求一拍即合，为了平衡平台企业商业利益最大化的权力扩张，日本近年来开展了积极的规制调适，例如日本《个人信息保护法》的不断修订，以及反垄断应对措施。与美国以平台企业为核心的"集中型"数据使用不同，日本期待的数据使用是"滚动式分布"的数据使用，也就是"横跨多个企业之间使用数据，即个人数据在企业之间的'滚动分布'"（クロサカ，2020）。因此，日本不会出现寡头式的互联网平台，其平台治理模式是将数字产业发展纳入既有市场规范中，而不符合平台经济发展的部分，通过制度调适予以修正。

2. 防止政府俘获：重视社会规范的舆论权力

经济学者乔治·斯蒂格勒（George Stigler）认为，监管机构很容易被特殊利益集团所俘获（Regulatory Capture），这些利益集团塑造监管结果的方式有利于受监管行业本身，但牺牲了消费者的利益（Carrigan & Coglianese，2016）。"政府俘获"是互联网平台通过"俘获"公共领域、公共权力等手段，超越自身本分与固有边界寻求自身利益最大化（方兴东，钟祥铭，2021）。

"舆论权力"（opinion power）可以定义为媒体影响个人和公众舆论形成

过程的能力（Neuberger，2018），包括来自大众媒体、社会公众和平台用户的舆论压力。社交媒体平台的市场行为要符合一定的社会规范和价值期待，才能获得良好的企业声誉和社会信任。背离社会基本价值的平台失范行为可能受到抵制、批判等社会性制裁。避免社会声誉受损导致的经济损失，是敦促社交媒体平台从内部开展自我规制的动因。

在自上而下的平台权力制约的制度设计中，政府发挥的作用并非一味限制平台公司使用个人信息，而是通过制定 SPI8 项目、"通过设计保护隐私"的元规制方式规范平台自治的具体标准，提供数据保护的激励相容政策工具。这一合作规制模式可以最大限度规范平台自治中的透明度原则，保障用户个人权益。同时，平台公司可以依据明确的数据采集和使用规范，打通各产业数据间的壁垒，实现产业数据共享。

第五节　小　结

本章从个人信息保护的角度，考察了日本社会从限制社交媒体平台权力扩张，到规范社交媒体平台权力发展的过程。首先，日本社会对个人隐私和数据信息的保护具有强烈意识，因此，在平台经济发展之前，日本已经形成了较为成熟的个人信息保护制度和产业数据使用规范，保障用户私权利。

但是，随着数字产业的发展，日本既有的法律制度和社会规范严重阻碍和限制了平台经济发展，以及互联网平台公司的权力扩张。通过对雅虎日本公司信用评分服务的社会推广失败案例，以及对日本就业信息社交平台 Rikunabi 不当使用用户个人信息事件的考察，发现日本《个人信息保护法》的无规范即禁止、无告知即违规的法律规制原则，以及社会公众对个人信息使用的容忍度、大众媒体对平台个人信息使用的报道和评价，是阻碍社交平台嵌入社会生活和产业结构，限制平台权力扩张的重要因素。尽管如此，随着日本政府对产业发展的政策调整，日本政府从国家层面致力推进使用大数据创新产业和服务的"世界上最先进 IT 国家"，统筹个人数据自由流动和个人隐私保护，创建适应产业发展的个人信息保护环境，成为政策演变和规制调适的动力。

在社会规范压力、产业发展诉求，以及作为商业主体的社交平台公司市场发展的需求，推动日本建立以保障用户权利为核心的个人信息保护与合理使用的合作规制模式。

第一，法律规制层面，日本政府不断修订《个人信息保护法》，规范社交平台公司的用户数据使用行为。法律规制的调适方向呈现严格保护个人信息和个人数据的去隐私化使用的双重趋势。通过明确个人信息概念，扩大个人信息保护范围，同时导入个人信息使用的匿名加工制度等，使个人数据的市场流通更加高效便捷。

第二，为了规范社交平台公司的个人数据采集与使用，日本总务省采纳"通过设计保护隐私"的价值敏感设计原则，通过制定 ISP8 项目等，为社交平台公司提供隐私政策制定执行的实践指南，规范个人数据的采集、使用和共享。

第三，日本成立了个人信息保护委员会（PIPC）开展一元化监管，通过创立个人信息使用规则和指引，对违规行为采取行政指导、命令和罚款等具有强制力的处罚措施等方式，完善平台公司对用户数据的合规使用。

研究发现，日本社交媒体平台嵌入社会生活的过程也是从限制权力到规范权力的过程，平台为追求商业利益与既有社会制度和价值观展开互动和博弈，通过制度调整和回应，达到商业利益与公共利益的再平衡。这一过程可以防止社交平台公司陷入"公共俘获"而拥有过大社会权力。也正因如此，日本社交平台公司的发展过程是与既有产业反向融合共同发展的过程，而并没有替代既有产业成为垄断性的存在。

第五章　社交媒体平台治理的规制行动者网络：以青少年保护为例

在日本，当一个未满 18 岁的青少年想要使用社交媒体时，他需要完成什么流程呢？首先，他需要在监护人的陪同下去电信营业厅购买一部智能手机，在电信营业厅的服务人员向其介绍有害内容过滤应用程序后，与电信运营商签订入网服务协议。然后，营业厅服务员为他拿出手机、开机，并从应用商店下载安装过滤应用管理软件，完成初始化设置，并指导监护人使用方法。最后，这名青少年才能注册账号在社交平台上发布和阅览内容。

上述描述表明，在"青少年使用社交媒体平台"这一特定情景中，青少年是否能接触到社交媒体平台依赖于多个环节的畅通。电信运营商对智能手机上安装家长模式的应用管理软件发挥着不可或缺的作用。应用商店在规范社交平台年龄限制上也很重要。这是帮助理解社交媒体平台处在规制行动者平台生态系统的一个很好的例子。

本章旨在以青少年保护为例，探讨日本社交媒体平台治理的规制行动者网络。具有不同角色和利益的多个治理主体形成了由政府机构、民间社会组织和私营公司组成的复杂网络，构成了一个生态系统。本章的目的在于从技术权力的去中心化和再建构的角度，探讨社交媒体平台治理的有效作用机制。

第一节　功能手机规制行动者网络："通过设计保护青少年"

"平台生态系统"（platform ecosystem）被视为一种不断发展的元组织形式，由一套必要的平台治理机制支持，以合作、协调和整合不同的组织、参与者、活动和界面，通过定制平台服务为客户带来更多的平台价值（Jovanovic，Sjödin & Parida，2021）。平台架构的设计和价值主张需要有相关的治理机制与其呼应。

越来越多的未成年人在使用社交媒体时被卷入犯罪和麻烦，社交媒体平台公司正急于通过 AI 和其他手段来加强管理，但成效并不明显。2008 年，日本出台了《青少年网络环境整备法》，该法旨在以普及移动终端上的内容过滤功能为措施，使未成年人免受互联网上有害信息的影响。2010 年以后，随着社交媒体的普及，既有的治理模式陷入"规制失灵"的困境。在政策调整、新的行动者加入并重新组成规制行动者网络的背景下，青少年有害内容过滤服务被期待重新发挥有效作用。

一、功能手机平台生态系统的"守门人"

1. 移动通信运营商：功能手机平台生态系统的"守门人"

移动电话最初是一种仅与语音通话相关的技术，并且主要限于在汽车中使用。随后的几代手机具有语音连接、短文本消息和一小组简单的内置应用程序，例如日历、地址簿和游戏。随着技术的进步，具有基本多媒体功能的功能手机应运而生，电信运营商创建了"围墙花园"（walled gardens），允许功能手机所有者访问（并付费）各种内容（Sørensen，De Reuver & Basole，2015）。

1999 年 2 月，日本最大的移动通信运营商 NTT DoCoMo 推出 i-Mode 移动互联网服务，使功能手机在日本迅速普及，"携带电话"（kei-tai）成为日本移动互联网文化的专用词汇（Ito, Okabe & Matsuda, 2005）。i-Mode 建立了一个聚合了丰富移动内容网站的开放平台。通过 i-Mode 功能键，功能手机用户可以访问超过 7000 家互联网站点，使用 NTT DoCoMo 定制网络服务，包括电子邮件、视频电话、网上购物、银行转账等。正如 NTT DoCoMo 的负责人所说，"我们的宗旨是无线电话技术向传统内容提供商靠拢，为手机用户提供各种所需服务"（小川美、アモロソ，2011）。

NTT DoCoMo 开创的 i-Mode 模式被看作当前智能手机和平板电脑平台的先驱（Sørensen et al.，2015）。这一"垂直整合"的商业模式由电信运营商率先决定终端和服务的规格，而终端和内容制造商根据规格提供配套的服务，形成了日本"加拉帕格斯"式的功能手机平台生态系统（松田美，2012）。在日本，由于移动通信市场长期由 NTT DoCoMo，KDDI au，Soft Bank 三家大型移动通信运营商垄断，形成具有强瓶颈性的产业结构。因此，三大移动通信公司作为功能手机上内容把关的"守门人"，能够决定手机用户内容接触范围的广度和深度。

2. 内容过滤：未成年人互联网使用的青少年模式

"守门人"角色的底层逻辑关乎"社会权力的产生和运作的社会管控／控制的能力"（方兴东、钟祥铭，2022）。日本电信运营商在功能手机的移动内容领域具有中心化的集中权力，通过在网关层面进行内容过滤，可以以事前规制的方式自主规避对青少年有害的各类信息，而不用限制信息传播者的表达自由。

但从权力合法性上看，由于不存在统一的内容过滤标准，电信运营商对互联网上的海量网站进行选择判断本身不具有共识和权威性。并且，随着智能手机 Wi-Fi 联网功能升级，电信运营商作为"守门人"的权威和功能不再有意义，没有"大门"可"把守"的现实（Ferreira, 2018），要求包括政府、移动设备生产商、青少年监护人等多方治理主体共同参与到这一治理过程中，通过建立规制行动者网络，切实搭建"内容过滤青少年模式"的"有效之网"。

二、"内容过滤青少年模式"的有效化过程

1. 社交网站的合作规制：实现"内容过滤有效化"

在功能手机平台生态系统下，大多数青少年能够拥有自己的功能手机，并通过功能手机浏览网络内容，与他人发彩信交流，也因此引发了诸多因与陌生人网络社交而产生的犯罪事件。例如，孩子们将关于学校的信息发布在"学校暗网"上，这些论坛成为校园霸凌事件的根源；因在交友网站上认识陌生人而受到伤害的事件也很多。

在日本，尽管有相关法律禁止儿童色情信息传播，以及儿童色情犯罪等行为的发生。如 1999 年出台的《儿童色情禁止法》，主要为防止互联网上儿童色情内容的传播。2003 年出台的《交友类网站限制法》，重点监管利用交友类网站发布、传播未成年人援助交际相关信息的行为。但功能手机上网的平台生态使日本政府已经意识到，国家机构作为责任主体实现青少年上网保护的公共价值并不现实。

为此，日本政府于 2008 年颁布了《青少年安全、安心使用互联网的环境整顿法律》（以下简称《青少年网络环境整备法》），作为防止青少年接触互联网上有害信息的基础性法律文件。该法的主旨是围绕"内容过滤服务有效化"目标，构建包括电信运营商、移动设备制造商、社交网站、用户等多方主体在内的规制行动者网络，实现青少年保护的价值诉求。

《青少年网络环境整备法》的出台表明，政府作为规制行动者网络的发起人，为其他参与者在治理网络中的角色和功能绘制了治理结构。社交网站在功能手机平台生态系统中作为被规制者，拥有较少的控制权力，只有符合治理架构设计，才能进入规制行动者网络。

2. 责任分配："通过架构设计保护青少年"

防止青少年接触互联网上有害信息的最有效方法是使用"内容过滤技术"屏蔽信息。内容过滤技术的设计、使用和推广涉及多元利益相关主体，日本《青少年网络环境整备法》从基础法律层面制定了多元主体应履行的义务，包

括相关硬件生产厂商、软件开发者、电信运营商以及青少年的监护人，要求各利益相关方将"青少年上网保护"的价值理念嵌入服务设计中。

首先，电信运营商是为功能手机接入移动网络提供服务的主体。《青少年网络环境整备法》规定，当电信运营商的签约对象或实际使用对象是未成年人时，电信运营商必须将使用内容过滤服务作为签约入网的必要条件，即发挥内容"守门人"的作用。这一义务主要的规制对象是日本国内三大移动通信运营商——NTT DoCoMo, KDDI au 和 Soft Bank。

其次，功能手机、平板电脑等通信设备制造商在出厂设置时，需要在设备上预装内容过滤软件，才可在市场上销售。并且，内容过滤软件开发商在开展软件设计时，需根据青少年的成长阶段，设置多样化的功能模式，迎合青少年使用者及其监护人的多元需求。最后，监护人与电信运营商签约时，应如实告知手机使用者是未成年人。

《青少年网络环境整备法》以"通过设计保护青少年"的理念，采取"技术架构"即内容过滤服务为"控制节点"的合作规制模式。政府并不直接介入和监管，鼓励民间主体采取自主规制的方式开展治理，政府给予相应的行政支持。通过"民间自主判断，并通过积累经验形成共识"，"国家行政机关不对其介入干预"（総務省，2011）的方式，给予自主规制一定的自由度和灵活性。

3. 内容分级：年龄分层与重点社交网站分类标记

"内容过滤"指限制访问有害内容的服务，按限制对象一般可分为白名单模式（white list model）和黑名单模式（black list model）。白名单模式将大多数网站作为限制访问的对象，只将满足一定标准的网站向用户开放。黑名单模式则原则上允许访问所有网站，但色情类、赌博类、交友类等被认为对未成年人有害的特定网站会被限制访问。在实际操作过程中，日本大多数内容过滤服务采取黑名单模式。

《青少年网络环境整备法》将"青少年有害信息"定义为"使用互联网为公众提供阅览（视听）的，明显阻碍青少年健全成长的信息"，并对其做了如下列举：一是直接而清楚地介绍或者诱导他人实施犯罪或者触犯刑法，或者直接而清楚地诱导他人自杀等情况。二是描写人为性行为或者性器官之类的淫秽画面和其他能使人们产生强烈欲望的色情信息。三是杀人、处刑、虐待等惨烈画面的描写及其他内容残暴的信息。但并没有一个统一的具有可操作性的分类标准,业界很难在实际操作层面实施和推广。

受经济产业省委托,日本互联网协会(IAJ)从 1997 年开始制定 "Safety Online" 内容分级标准,当前使用的 "Safety Online 3.1" 版本,主要从三个维度对青少年有害信息进行分级。首先,对青少年有害内容的分类标记。限制性内容涉及色情、暴力、恐怖、歧视、违禁药物、赌博、交友、诱导自杀等类别,通过描述性关键词对各类别予以客观标记,并明确规定未满 18 岁禁止阅览。其次,根据不同年龄层按需标记内容。明示相关内容对不同年龄段、不同学龄的未成年人的有害性,并根据描述性关键词界定客观标准。最后,重点关注社交类网站的分类标记。社交网站传播的内容未必有害,但其社交属性可能对未成年人造成威胁。社交网站包括电子论坛、聊天室、网络游戏、博客、SNS 等,其特殊性在于无法监控用户之间具体的交流内容,且具有依赖性、成瘾性高的特点。"Safety Online 3.1" 将社交网站分为:①参加型网站,如博客、网络论坛、SNS 等;②聊天型网站,即多人经由网络实时会话的聊天室;③购物型网站,青少年可能会擅自购买高额商品。根据不同年龄段,对青少年能够使用的社交网站类别分级限制。

表 5-1　日本社交网站内容分级标准

社交网站类别	说明	适用年龄段
参加型网站	不仅限于浏览,还可以发表评论的网站	未满 15 岁禁止使用
聊天型网站	多人通过网络实时聊天	未满 15 岁禁止使用
购物型网站	网络购物	未满 12 岁禁止使用

4.激励相容:社交网站资质评估

从内容分级标准来看,社交媒体属于内容分类中的"社交"类别,原则上禁止未成年人接触和使用,但严格禁止未成年人使用社交媒体并不现实。为了尽可能满足青少年社交媒体的使用需求,同时规避使用中可能接触有害信息的风险，日本采用民间第三方机构对社交网站资质进行评估的方式进行治理。《青少年网络环境整备法》出台后，民间互联网企业成立了移动内容评估监督机构（Content Evaluation and Monitoring Association，EMA），主要目的是以健全移动端内容为目标，对功能手机内容开展评估认证。

EMA 业务中最重要的，是面向移动电话的"社交媒体评估认证"。通过制定《社交网站运营管理体制认证标准》，从基本管理方针、网站巡查体制、用户应对、启发教育四个维度，对社交媒体网站的运营、内容管理进行资质评估和内容认定。例如，社交媒体是否为用户设置了年龄确认选项、是否采取自主规制措施对网站内的信息内容进行监管等，达到 EMA 认证标准的社交媒体可以被排除在内容过滤服务的规制对象之外。

众多社交媒体自主申请接受 EMA 认证的前提条件是，法律规制下相关主体使用内容过滤服务的义务规定。也就是说，青少年使用的功能手机上原则上都安装了手机生产商和电信运营商预置的内容过滤服务，无法正常使用社交网站。因此，社交网站为了不被内容过滤系统屏蔽，均积极主动建立青少年安全使用的自治机制，并向 EMA 申请资质认定。

三、功能手机平台生态的规制行动者网络

在"内容过滤青少年模式"有效化过程中，政府、相关行业团体等通过

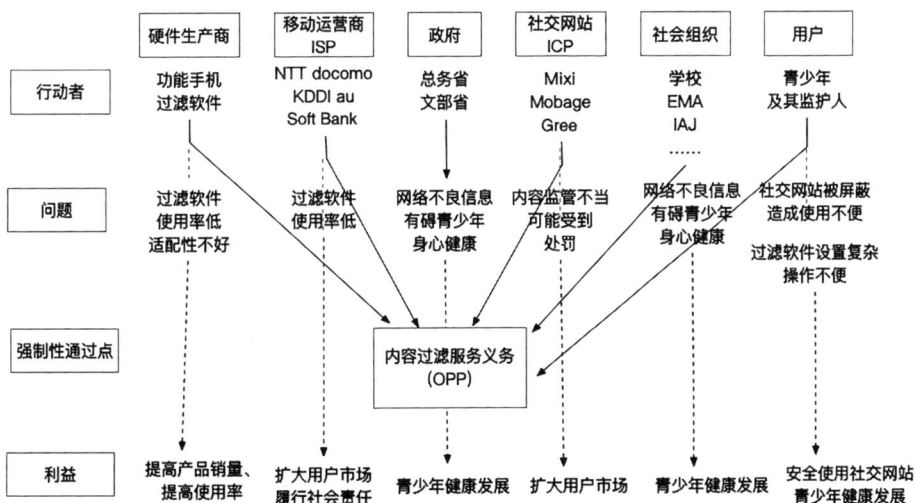

图 5-1　功能手机规制行动者网络

制定激励相容措施，推动社交网站自主制定合规政策，参与到功能手机平台生态系统中去。

1. 各方治理主体组成的规制行动者网络

日本青少年上网保护的合作规制模式呈现全治理层级参与的规制行动者网络。其中，《青少年网络环境整备法》明确了基本的政策目标，即以规定各治理主体法律义务的形式推动内容过滤服务有效落地，具体的落地方式和手段由各主体自主规制开展。

日本移动通信产业的结构特征决定了参与合作规制的主体包括：第一，作为"守门人"的电信运营商，主要包括 NTT DoCoMo，KDDI au，Soft Bank，以及 2019 年以低价入网套餐加入日本电信市场的"乐天移动"（Rakuten Mobile）。第二，软硬件生产商。包括功能手机生产厂家、过滤软件开发商等，这些厂家和企业需要研发与电信运营商要求规格相一致的软硬件。第三，青少年及其监护人。青少年及其监护人需要根据自身需求，判断是否使用内容过滤服务。其中，监护人在家庭环境中对青少年社交媒体使用做出判断，在防止网络成瘾等负效应中发挥关键作用。

上述治理主体相互之间需要开展紧密合作，实现内容过滤服务有效化的治理目标。对政府来说，如何敦促利益相关者切实实施自主规制，是形成公私合作规制关系构建的核心。

2. 以技术架构为核心的规制过程

可以将青少年安全使用社交网站的实现和推广看作一个规制行动者网络的创建形成过程。其中，规制行动者网络的发起者是政府，其将不同行动者关注的对象问题化。对日本三大移动运营商而言，自主推广的内容过滤服务使用率低，得不到大范围的普及。对日本政府而言，社交网站上的不良交友信息有碍青少年身心健康发展和人身安全。对社交网站而言，因其交友功能的特性而被排除在内容过滤白名单之外。对于青少年而言，想要使用社交网站的交流功能，但使用过滤软件就不能用，不用过滤软件又很危险。

因此，行动者网络面临的一个共同问题是，如何提高内容过滤软件的有效性。在完成转译过程中，所有异质行动者必须通过共同的强制通过点，即"内容过滤服务义务"（OPP），从而实现各自的利益。即政府保护了青少年不会受到社交网站上有害内容的伤害；移动运营商履行了社会责任，巩固了用户市场；社交网站可以让青少年安心使用，青少年基本的社交网站使用需求被满足。

3. 创建形成规制行动者网络

政府通过构建包括移动通信服务商、社交平台、用户在内的规制行动者网络，让内容过滤服务成为各行动者的利益汇聚点，促使青少年内容过滤服务有效化，成为各行动者实现目标与获取利益的 OPP，积极引导网络外部行动者加入自己构建的规制网络中。

核心行动者移动通信服务商的主导作用是调动各类资源推动内容过滤服务有效化的实现，使行动者发现参与规制网络可获得利益，从而积极参与规制网络。当治理结构使利益相关者能够在实现整体平台目标的同时，实现自己的利益和偏好结果时，它是激励相容的（Chen，Pereira & Patel，2021）。在青少年内容过滤服务有效化这一规制过程中，公共价值的实现并非通过将责任分配给社交网站这一中心行动者，而是创建了社交网站、用户、民间组织和政府之间的合作规制网络。

第二节　从功能手机到智能手机：规制行动者网络的失灵与重构

功能手机时代，使用电信运营商功能手机的一键上网（如 i-mode 功能键）是日本青少年使用手机上网的主流模式。2008 年，苹果手机进入日本手机市场后，越来越多的青少年使用智能手机上网，改变了既有的平台生态系统。智能手机平台生态的形成使依托于功能手机平台生态的社交网站治理机制失灵，日本政府通过引入新的治理主体，并重新协调主体间的协同关系，重构规制行动者网络。

一、智能手机平台生态的形成

1. 日本青少年与智能手机

图 5-2　日本青少年智能手机、功能手机拥有率

资料来源：根据日本内阁府青少年互联网使用环境实态调查结果整理

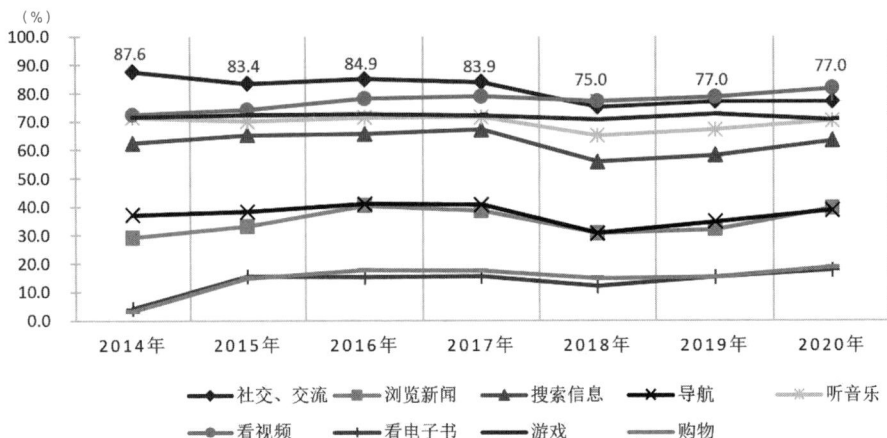

图 5-3　日本青少年智能手机使用目的

资料来源：根据日本内阁府青少年互联网使用环境实态调查结果整理

　　根据日本内阁府 2020 年开展的"青少年互联网使用环境实态调查"，日本青少年的智能手机持有率在 2010 年仅为 1.5%，与之相比，功能手机的持有率高达 50.9%。但到了 2013 年，日本青少年智能手机持有率为 24.8%，基本与功能手机持平，其后更迅速增长增加，至 2020 年，日本有近八成的青少年

使用智能手机上网，功能手机基本退出历史舞台（如图 5-2 所示）。

智能手机的特性在于不使用电信运营商的网络服务，也可以连接 Wi-Fi 上网，这就使原来嵌入功能手机的内容过滤服务无法发挥屏蔽作用。并且，日本青少年使用智能手机的主要目的是进行社交。2014 年至 2020 年的 6 年间，有近八成或超过八成的青少年把"社交"作为智能手机的首要使用目的（图 5-3）。未成年人将使用社交媒体视为建立友谊的一种方式，对社交媒体上的陌生人警惕性较低，这导致了许多新的社会问题。

2. 成为社交媒体的受害者：智能手机使用风险

"我从没想过自己的孩子会成为受害者。"家住千叶县的一位妈妈说。她接到学校通知，她正在上小学六年级的女儿，因被同学无端拍摄照片后，在聊天应用 LINE 上分享而卷入了纠纷。家长给孩子配置智能手机的初衷是为了方便联系和沟通，但智能手机作为集成各类社交软件应用的平台，反而使未成年人陷入风险。

日本青少年使用社交媒体引发的社会问题包括：

第一，未成年人隐私泄露问题。青少年在社交平台上倾向于分享自己的生活动态，其中包含生日、社会属性、兴趣、日程等个人信息，以及自拍照、短视频等肖像信息。这些随手公开的个人信息容易使青少年成为犯罪对象。并且，智能手机的使用特性使青少年更容易在家长、老师等监护人监管不到的地方使用社交媒体，大大提高了青少年陷入犯罪的风险。

第二，未成年人性侵害问题。日本长期以来重视未成年人通过交友网站或社交网站与陌生人接触联系，防止网络不当交友产生性侵害、卖淫等问题。但社交媒体的匿名性和互动聊天的私密性提高了该问题发生的风险。

第三，因网络霸凌而导致的青少年自杀、辍学等社会问题。日本文部省"儿童学生的问题行动、不登校等学生指导上的诸课题调查"显示，"在社交媒体上遭受诽谤中伤等伤害"的小学、中学、高中学生的数量呈逐年增加趋势（文部科学省，2021）。

根据日本警察厅的统计，2019 年，因使用社交应用软件而受害的儿童人数为 2095 人，10 年来增加了 80% 以上（内阁府，2020）。2019 年，大阪发生的一起小学六年级女孩被绑架的案件，犯罪嫌疑人即是利用社交媒体的私信功能引诱了女孩。未成年人受害者的增加无疑与越来越多的儿童拥有智能手机，并能够熟悉使用 SNS 和其他社交网络服务有关。

3. 规制失灵：无效的内容过滤服务

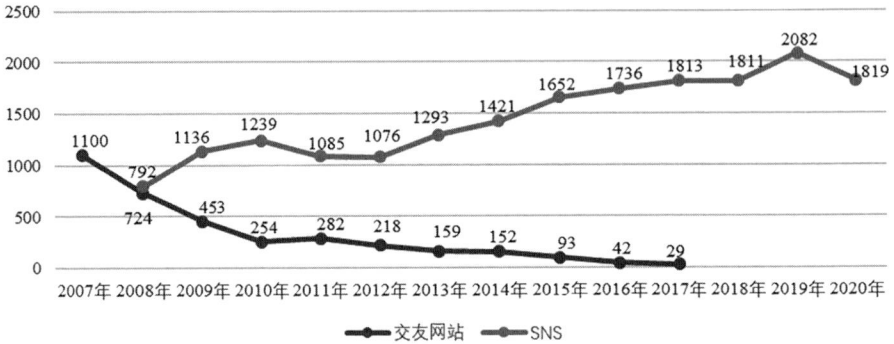

图 5-4　因社交网站 /SNS 使用导致的儿童被害数

资料来源：SNS 等に起因する被害児童の現状と対策

关于使用内容过滤服务对防止青少年接触网络不良信息的实际效果没有具体的调查数据，但经常被引用的指标，是日本警察厅每半年发布的《因社交网站等原因引发犯罪的现状和对策》报告书。

图 5-4 表明，2008 年出台《青少年网络环境整备法》以及推广各相关主体使用过滤服务，确实起到了一定的规制效果。因使用交友网站而在犯罪行为中受害的儿童数量，2007 年为 1100 人，2008 年降至 724 人，在其后呈逐

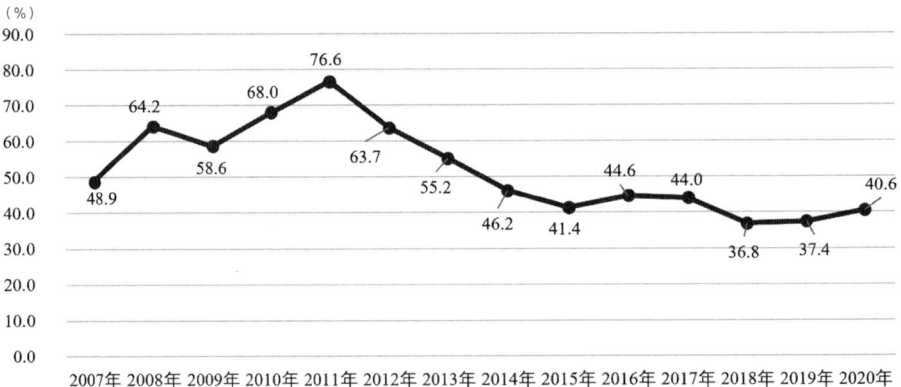

图 5-5　过滤软件使用率

年下降趋势。这一点被过滤软件使用率佐证。2008 年以前的过滤软件使用基本靠民间自主规制，2007 年使用率不过半。2008 年以后内容过滤服务使用率逐年增加，在 2011 年达到 76.6%，将近八成青少年的手机末端安装了过滤系统或软件（见图 5-5）。

但 2010 年智能手机开始普及，以及 2011 年日本大地震后社交媒体在日本广泛使用，以"内容过滤青少年模式"为核心的青少年保护的既有规制网络逐渐失灵。从图 5-4 可看到，因使用社交媒体而受害的儿童数量在 2011 年和 2012 年略有减少，但从 2013 年开始呈逐年上升趋势，这与青少年使用智能手机上网和登录社交媒体有关。并且，嵌入功能手机的内容过滤软件使用率也在 2011 年达到峰值 76.6% 后，呈逐年减少趋势，并在 2018 年跌破四成（图 5-5）。

二、功能手机规制行动者网络的局限性

1. 智能手机替代电信运营商成为新的"守门人"

物理层面上看，内容过滤服务的技术设计并不适用智能手机。在智能手机上导入内容过滤服务的机制与功能手机相比更为复杂，在功能手机上网时代，电信运营商在架构规制网络中承担"守门人"的角色，能够通过代理服务器设置、黑名单等方式，屏蔽对青少年有害的社交网站。

但智能手机具有公共 Wi-Fi 联网功能，青少年不使用电信运营商提供的网络服务，也可以上网浏览信息、使用社交媒体等移动应用，这就大大降低了原有内容过滤技术的有效性。尽管安卓系统的智能手机在出厂时可以预置过滤软件应用程序，但苹果手机的 iOS 系统并没有此项功能，而苹果手机在日本青少年中很受欢迎，这也是内容过滤软件在普及上受限的原因之一。

2. 制度性供给不足

《青少年网络环境整备法》颁布于 2008 年，其时互联网发展仍处于 web2.0 时代，随着 web3.0 时代的到来，传统规则与新兴科技的张力正在加剧，技术发展带来的复杂实践与规则有限适用范围之间的矛盾愈发凸显。

例如,《青少年网络环境整备法》规定的应履行推广内容过滤服务的义务主体中,并未包括移动应用软件开发者,而互联网科技发展赋予社交平台实施主动治理的技术成本优势愈发彰显。因此,需要调整治理主体之间的相互关系,在新的法律规制下重新形成有效的青少年社交平台使用的合作规制模式。

3.EMA 社交媒体资质评估制度的失败

《青少年网络环境整备法》颁布于 2008 年,当时普遍使用的社交媒体是 Mixi、Gree、Mobage 等日本国内 SNS 服务。这些日本本土的社交媒体平台公司理解青少年使用社交媒体而产生社会问题的背景,因此配合履行法律义务的意愿较高,通过积极申请 EMA 的资质评估,提高了合作规制的实际效果。

但 2011 年以后,LINE、Twitter、Facebook 等境外社交媒体成为主流。这些社交媒体运营公司有独自的自治措施防止青少年在平台内接触有害信息,对日本既有规制网络并不积极加入。在日本既有规制行动者网络内,青少年有害信息过滤服务是将社交媒体作为过滤对象予以屏蔽的,除非其获得 EMA 的认定。因此,很多青少年为了使用 Twitter、Facebook 等社交媒体,而放弃使用内容过滤服务。除此之外,通过 EMA 评估的社交网站也未必绝对安全。根据日本警察厅的调查,2010 年上半年因 SNS 等非交友网站受到犯罪侵害的青少年同比增长 15.7%,其中约半数网站拥有 EMA 认证(曾我部真裕,2017)。

跨国社交媒体平台打破日本业内统一规范,使 EMA 认证名存实亡。2018年 5 月,EMA 实质性解散,由各移动通信公司采用民间内容过滤基准提供内容过滤服务。

三、重构智能手机治理网络:"安心过滤应用"的有效化过程

鉴于青少年通过智能手机使用社交媒体的现状,日本在 2017 年修订了《青少年网络环境整备法》,增加了履行义务的责任主体,同时强化了义务范围。修订后的《青少年网络环境整备法》增设了电信通信运营商的"青少年确认义务""说明义务""青少年有害信息过滤服务提供义务"以及"对青少年有害信息过滤服务进行有效化设置义务",强化了有害信息过滤服务的使

用率。

1. 当家长想要给孩子买一部智能手机时，他需要如何做?

《青少年网络环境整备法》的最大修订部分是强化了电信服务营业厅的义务，敦促其采取有效措施防止青少年浏览有害信息。根据新修订的法律，当家长想要给孩子买一部智能手机时，他需要这样做：

首先，电信服务营业厅的销售人员有义务向家长确认，智能手机的实际使用者是否是青少年。在此之前，电信营业厅主要依据客户填写的签约信息，确认移动网络使用者的青少年身份。但修订后的法律将营业厅销售人员在签约时向家长当面询问并确认实际使用者是否是青少年，作为必须履行的法律义务。

其次，当智能手机的使用者是青少年时，营业厅销售人员有义务向家长说明使用智能手机上网可能接触到有害信息的风险，并说明使用内容过滤服务的必要性和相关服务的具体内容。并且，作为入网服务签约的必要条件，营业厅服务人员有义务向家长提供青少年有害信息过滤服务。

最后，电信营业厅服务人员有义务对青少年有害信息过滤服务进行有效化设置。例如，协助家长在智能手机上下载内容过滤应用程序，或开启手机系统设置中的内容过滤功能。

2. 智能手机与 iOS 系统：提高与内容过滤应用程序的适配性

修订后的日本《青少年网络环境整备法》规定，具有上网功能的通信设备制造商，只有当设备上预置了不良信息过滤软件或采取其他措施，使设备兼容不良信息过滤软件或过滤服务时，才可在市场上销售。同时，智能手机操作系统开发者在设计程序时，应为青少年内容过滤应用程序的安装或过滤服务的设置提供方便操作的系统环境。

上述两项义务中，上网通信设备主要是指智能手机、平板电脑等移动智能终端，操作系统则是以 iOS 系统、Android 系统为代表的移动设备操作系统。由于内容过滤软件或服务的设置步骤烦琐，很多青少年或家长在入网服务签约时就放弃了设置。"设置的复杂化、长时间化，使用上不方便，是监护

人回避设置过滤软件的理由之一。"（曾我部真裕，2017）

以 iPhone 为例，为了设置内容过滤功能，营业厅服务人员对智能手机的操作步骤包括：第一，插上手机电源，注册 Apple ID。第二，从移动应用商店中下载过滤软件应用程序。第三，安装应用程序并完成初始设置。这一过程时间长且步骤烦琐，很多用户因此而放弃使用内容过滤应用程序。为了解决这一问题，修订后的法律要求智能手机操作系统开发商在系统设计时直接增加使用限制的功能，或为内容过滤应用程序的安装设计更便利的系统操作环境，从而减轻用户购买手机时对内容过滤应用程序初始设置的时间成本。

3. "安心 filter"：智能手机平台生态系统的"守门人"

为了兼顾青少年保护和内容过滤软件使用的便捷性，总务省在《智能手机安心安全强化战略》中倡导开发符合智能手机使用习惯的内容过滤新模式。在此背景下，2017 年 1 月，日本电气通信协会（TCA）和日本国内各大电信运营商联合发布了一款安装在移动智能末端上的内容过滤应用程序"安心 filter for Docomo/au KDDI/SoftBank"。与既往内容过滤服务不同的是，"安心过滤"应用程序只对青少年提供最低限度的内容保护服务，未成年人的监护人购买手机时，在销售服务人员的说明和监督下下载内容过滤 App，并根据指导进行设置，即可管理未成年人智能手机端访问的网站以及使用的移动应用，设置相应的使用功能限制。

（1）社交媒体的分级管理

日本国内三大电信运营商 NTT Docomo，au KDDI，Softbank 推出的"安心过滤"应用程序均采用日本 NetSTAR 公司制作的内容分级标准。尽管 NetSTAR 属于民间的网络安全公司，并没有市场监管的强制力，但该公司是互联网内容安全协会（ICSA）等多个行业组织的会员单位，并且是日本总务省信息通信政策相关研究会的参与主体，承担着半官方半民间的职能。NetSTAR 公司对互联网上超过 36 亿的网站进行标记，根据内容将网站分为违法、意见、成人、网络安全、交友、社交等超过 70 个类目，每个类目下列有子类目，并且以关键词的形式，描述内容的客观标准。

在关涉未成年人使用的社交媒体分级上，NetSTAR 根据各社交媒体对青少年保护的内容自治情况，将社交媒体分为三个等级，如表 5-2 所示。等级越低，表明社交媒体内存在不适合未成年人阅览的内容越多，需要对该社交媒体采取使用限制；等级越高，表明社交媒体对青少年保护的自治机制越完善，可以列入内容过滤的白名单。

表 5-2　社交媒体使用分级

是否适合未成年人使用	SNS、博客、网络论坛等具有社交功能的平台和网站
对未成年人使用的考虑等级 1	为防止有恶意的成年人接触，以及诱导阅览不合适的网站，实施充分措施限制网站使用功能的社交媒体
对未成年人使用的考虑等级 2	除了使用功能限制外，实施充分措施监视网站内的评论内容，并对不合规内容进行删除。
对未成年人使用的考虑等级 3	除使用功能限制、评论内容监视等措施外，对用户的个别指导等，采取高水平措施维护未成年人使用的社交媒体

（2）未成年人的年龄分层

NetSTAR 根据不同成长阶段的未成年人社交媒体使用需求，将未成年人分为小学生、中学生、高中生、高中生以上四层，社交媒体使用的规制程度由强到弱（如表 5-3）。

表 5-3　未成年人年龄分层

	可以使用的网站、移动应用	禁止使用的网站、移动应用
小学生	低学龄儿童也能安心使用的应用	社交媒体等，有害内容（交友类、成人类）外，特别刺激的内容、犯罪、暴力、不正当 IT 技术的内容进行限制
中学生	在小学等级上增加一部分游戏、购物等内容	有害内容（交友类、成人类）外，特别刺激的内容、犯罪、暴力、不正当 IT 技术的内容进行限制

续表

	可以使用的网站、移动应用	禁止使用的网站、移动应用
高中生	在中学等级上，增加顾及儿童使用的论坛、视频内容，作为信息源的互联网充分使用的环境	有害内容（交友类、成人类）外，特别刺激的内容、犯罪、暴力、不正当IT技术、关于 SNS 的内容进行限制
高中生以上	在高中等级上，能够使用 SNS，作为信息源的互联网充分使用的环境	有害内容（交友类、成人类）外，特别刺激的内容、犯罪、暴力、不正当IT技术的内容进行限制

表 5-3 表明，社交媒体仍然是未成年人使用的主要规制对象，特别是对小学生等低龄儿童来说，由于社交媒体使用对其身心成长影响巨大，因此在日本基本上是被禁止使用的。

（3）家长模式：未成年人监护人赋权

日本三大移动通信运营商推出的"安心过滤"App 结合未成年人成长阶段，将限制使用的移动应用程序分为小学生、中学生、高中生、高中生以上四个年龄段。监护人在自己的智能手机上"安装过滤"App 并登录家长账号，可以随时随地更改设置，监控未成年人智能手机上的移动应用使用情况。并且，"安装过滤"App 提供个性化设置，监护人根据未成年人手机使用情况，可以设置特定 App 的使用时长和时间段等，防止未成年人过度使用手机和沉迷社交媒体。

表 5-3 表明，大部分社交媒体禁止青少年使用，高中生以上的年龄层才能使用 Google，Youtube，Facebook，Twitter，Instagram，LINE 等主流社交媒体。并且，监护人在家长账号内设置相应年龄段的限制选项后，智能手机操作系统会自动屏蔽禁止该学龄段未成年人使用的社交软件。该屏蔽有一定的自由度，家长可以根据实际需要对相关 App 解锁，也可以设定未成年人的使用时间段和时长等，防止未成年人在规定时间段之外使用对象 App。

第三节　社交媒体平台的青少年模式何以有效?

根据日本内阁府实施的"青少年互联网使用环境实态调查"，内容过滤软件的认知率从 2012 年智能手机使用普及时开始下降，2018 年跌至 56.2%。但 2019 年，日本政府调整政策后有所回升，2020 年回升至 62.3%。并且，内容过滤软件使用率在 2018 年触底（36.8%）后，2019 年缓慢回升到 37.4%，2020 年升到 40.6%（图 5-5），表明重构规制行动者网络的有效性。

一、从中心化到半中心化的治理网络

1. 以社交平台为中心的青少年模式

规制行动者网络将社交平台治理看作一个动态的、分布式的治理过程。互联网中有许多不同的"守门人"，包括网络服务提供商、搜索引擎、社交媒体等，他们"不仅能决定某种信息是否可以通过，还可以决定'守门'行为的对象是否可以进入某个网络"（方兴东、钟祥铭，2022）。在青少年保护的社交媒体平台治理中，当社交媒体平台充当"守门人"时，它们通过建立各种用户交互规则，决定在平台上鼓励或组织哪些行为，并选择如何执行这些行为。因此，它们设计业务环境，并对平台生态系统的其他成员进行控制。

这一中心化的治理结构中，社交平台所有者享有独家治理控制权（Rietveld, Schilling & Bellavitis, 2019）。然而，将治理权集中在平台所有者之间可能会使平台参与者（如用户）处于不利地位，因为平台公司可以将自己的利益置于利益相关者之上。以中国为例，各大社交媒体平台及 App 纷纷启动"青少年模式"，通过对功能、使用时段及在线时长进行限定来引导青少年形成良好的上网习惯（罗莎，2020），但由于内容池缺乏及时更新、实名认证消极等原因，青少年模式形同虚设（雷霁、王兴超，2020）。

2. 政府作为元规制中心的规制行动者网络

日本青少年模式有效化过程是将社交媒体平台嵌入包含政府、业界团体、智能终端制造商、未成年人监护人等治理主体在内的规制行动者网络之中。随着更多治理行动者的加入，"守门人"不再局限于社交平台，依托于智能手机平台生态系统的参与者集体享有分散的治理控制权，允许他们通过平台治理表达自己的观点。

尽管某种程度的去中心化是有意义的，但过于广泛地分配治理权力也会降低集体行动的可能性。当治理权力广泛分布时，独立的治理主体几乎没有权力塑造治理结果。因此，过度分散的治理权无法动员集体行动确保有效的平台治理。鉴于这些权衡，建立适度权力下治理的激励相容机制，能够确保治理结果的有效性。

半中心化治理结构的特点是赋予社区成员参与平台治理的自由和权利，同时让一些关键组织或个人赞助和塑造平台治理。日本青少年保护的社交平台治理中，政府仍然是元规制的中心，通过制定《青少年网络环境整备法》，赋予一些组织或个人更多的治理控制权，同时通过去中心化限制他们的权力。通过去中心化的解构和半中心化的重构过程，形成多层次的治理网络，智能手机平台生态系统的参与者可以通过该结构影响、监控社交平台与青少年用户的互动。

二、重视平台生态系统的监管功能

在智能手机环境中，苹果和谷歌将技术平台即移动操作系统与应用市场相结合，引领了苹果（iOS-App Store）和谷歌（Android-Google Play）的生态系统。2019 年 3 月，LINE 公司推出了一项未成年人保护功能，在未经父母许可的情况下，未成年人无法在安卓系统的智能手机上使用即时通信应用 LINE，但这一功能无法在 iOS 系统的苹果手机上运行。这表明，智能终端和手机操作系统也在规制行动者网络中发挥着重要作用。

事实上，有研究者已经关注到平台生态系统在执行监管标准方面的作用。Nooren 等人将 Apple 和 Google 等平台描述为"平台中的平台"，这些

"元平台"是其他平台在其上运行的平台或生态系统（Nooren，van Gorp，van Eijk & Fathaigh，2018），正如 Schwarz 所说，其充当看门人，以确保其他平台正常运行（Andersson Schwarz，2017）。

表 5-4 不同智能手机操作系统对未成年人社交媒体使用的限制

	禁止使用 SNS 类别	iOS 系统禁止使用应用	Android 禁止使用应用
小学生	交友网站、网络论坛、SNS（包括使用时要特别注意的 SNS）、聊天类软件、视频类软件	Facebook，LINE，Niconico 动画，TikTok，Google，YouTube，Mericari，Yahoo！Japan，Twitter	Facebook，LINE，Niconico 动画，Google，YouTube，Yahoo！Japan，Twitter
中学生	交友网站、网络论坛、SNS（包括使用时要特别注意的 SNS）、聊天类软件、视频类软件	Google，YouTube，Mericari，Yahoo！Japan，Twitter	Google，YouTube，Yahoo！Japan，Twitter，LINE，Niconico 动画，Facebook
高中生	交友网站、SNS（包括使用时要特别注意的 SNS）	Twitter	Twitter，Facebook，Google，Yahoo！Japan
高中生以上	交友网站、使用时要特别注意的 SNS	Twitter	Twitter，Google，Yahoo！Japan

数据来源：根据各公司公开信息整理

表 5-4 表明，不同操作系统的智能手机上限制青少年使用的社交媒体类别并不相同，如 Android 系统禁止小学生、中学生使用 LINE，Facebook 和 Twitter 等主流社交媒体，但 iOS 系统却将 LINE 和 Facebook 列入了中学生以上的未成年人可以使用的分级列表中。应当看到以 Android，iOS 为代表的"元平台"在促进社交平台治理中的重要作用，其不仅可以通过技术架构设计的方式直接监管社交平台，同时也可促进社交平台在不同监管环境中的合规性（Van Hoboken & Fathaigh，2021）。

表5-5 日本三大电信运营商对不同年龄段未成年人的社交媒体使用限制

对象年龄	NTT DoCoMo	KDDI au	Soft Bank
小学生	SNS、Game、视频、音乐、交友、成人	SNS、Game、视频、音乐、交友、成人	SNS、Game、视频、音乐、交友、成人
中学生	SNS、交友、成人	SNS、视频、音乐、交友、成人	SNS、视频、音乐、交友、成人
高中生	SNS、交友、成人	交友、成人	SNS、交友、成人
高中生以上	交友、成人	交友、成人	交友、成人

数据来源：根据各公司公开信息整理

此外，在社交平台治理的规制行动者网络中，仍然要重视电信运营商的监管作用。如表5-5所示，NTT DoCoMo、KDDI au、Soft Bank 三大运营商仍然在控制日本未成年人接触什么社交媒体以及接触到何种程度上发挥重要作用。例如，Soft Bank 在青少年社交媒体使用中最为严格，限制包括高中生在内的未成年人使用 SNS、交友类、成人类的社交媒体。而 KDDI au 则允许高中生安装 SNS 类社交软件应用。了解这一事实将有助于今后的平台治理实践，在相关治理方案中突出电信运营商的作用，从而节省一部分监管和合规资源。

三、全球儿童社交平台规制模式：合作规制的趋势

表5-6 世界主要国家社交平台治理中的青少年保护比较

	日本	中国	美国	德国
专门立法	《青少年网络环境整备法》（2008年）	《未成年人保护法》（2020年修订）《未成年人网络保护条例》（2023年）	《儿童网络保护法》（2000年）	《青少年媒体保护州际协议》（2003年）

续表

	日本	中国	美国	德国
内容过滤技术	√	×	√	√
内容分级	√	×	√	√
年龄分层	√	×	×	√
社交平台治理	智能手机平台生态系统	社交平台自治	社交平台自治	法律规制

如果将青少年保护放在全球视野下进行考察，可以发现，合作规制正成为社交媒体平台治理的必然趋势。各国都制定了专门法律保护未成年人互联网使用安全。其中，美国和德国较早注意到网络有害信息对未成年人的危害，分别在 2000 年和 2003 年制定了保护未成年人的相关法律法规。我国制定青少年上网保护专门条款时间较晚，2020 年修订、2021 年施行的《未成年人保护法》中创设《网络保护》专章，以网络素养教育、网络信息管理等五大主题制定了整体性的未成年人保护体系。

规制手段方面，美国和日本重点采取技术措施，阻断或过滤未成年人通过互联网访问有害信息。如日本《青少年网络环境整备法》建立了以内容过滤服务有效化义务为规制目标的多元责任主体合作规制模式。美国《儿童网络保护法》则要求中小学校和图书馆采取技术措施，阻断未成年人接触有害信息。

"内容分级和年龄分层"的内容过滤机制成为多国开展青少年保护的主要方式。如德国《青少年媒体保护州际协议》侧重推出互联网"内容分级＋技术过滤"制度，根据网络内容设置年龄许可限制，并以过滤软件等技术手段，使青少年只能看到适龄段的网络内容（夏娜，2021）。虽然我国《未成年人保护法》规定了有关部门应当按照不同年龄段未成年人保护的需求来确定不良信息类型的范围与标准（第六十七条），但是如何贯彻与执行还没有一个较为具体的实践标准。

美国的社交平台自治模式强调社交平台公司在平台治理中的重要作用。如 Facebook 通过年龄限制、实名认证等自治措施，限制未成年人社交媒体使用。日本将内容过滤服务作为法律义务，要求基于智能手机平台生态系统的多方治理主体参与到规制网络中，实现内容过滤有效化。这一过程是将社交媒体平台的主体责任相对化的过程，社交平台只是治理网络中的一个节点，通过调适自治措施参与治理。

我国已经意识到建立智能手机平台生态系统，开展合作规制的重要性。于2024年1月1日起正式实施的《未成年人网络保护条例》中，专门针对智能设备终端产品进行了规定，把网络产品和服务提供者、智能终端产品制造者和销售者一并纳入责任主体范围，并要求其履行未成年人网络保护义务和社会责任。这一转变表明，基于平台生态系统架构设计的社交平台治理理念。

第四节　小　结

本章以"青少年使用社交媒体平台"这一特定情景为例，从平台生态系统的视角，考察了社交平台青少年模式有效化过程。研究发现，想要实现社交平台青少年模式的有效性，需要将社交平台作为主体责任的地位去中心化，将其嵌入包含政府、行业团体、智能终端制造商、未成年人监护人等治理主体在内的规制行动者网络之中去实现。随着更多治理行动者的加入，"守门人"不再局限于社交平台，依托于智能手机平台生态系统的参与者集体享有分散的治理控制权，允许其通过平台治理表达自己的观点。

其中，政府作为元规制的中心，通过制定《青少年网络环境整备法》，赋予相关治理主体参与规制行动者网络的法律义务。电信运营商作为连接人类行动者（智能手机青少年用户及其监护人）和非人行动者（智能手机设置、内容过滤应用程序有效化等）的控制节点，基于国家法律赋予的规制合法性，要求青少年用户及其监护人安装过滤应用程序控制社交平台的使用时长及使用类别。社交平台为了适配内容过滤应用，通过年龄限制、功能控制、私信监控等自治方式，提高青少年模式的实际效用。这一过程是在各行动者之间的转译互动中完成的。

第六章　面向社交媒体平台治理
合作规制的制度设计

从全球范围看，平台全球化的发展进程及平台权力的不断崛起在创造了巨大社会福利的同时，也因权力失衡和治理能力不对称而带来诸多社会治理问题（方兴东、严峰，2019），平台治理成为各国需要面对的重要议题。在中国，平台治理面临范式转变和制度创新的关键问题（方兴东、钟祥铭，2021）。在日本，以合作规制的方式开展社交媒体平台治理仍在试错的过程中改进和完善。

本研究第三章到第五章的案例讨论为未来合作规制的制度设计提供了一些经验方向。本章首先从中日比较的视角出发，探讨两国社交媒体平台角色界定、演进历程和权力秩序之间的差异，试图完成两个目标：第一，从制度比较的视角出发，把握不同社会文化环境和既有制度中平台治理的特点。第二，从中日两国平台治理的差异出发，总结未来开展合作规制可能需要关照的诸问题，以及日本的合作规制模式为我国提供了何种可参照的经验和方案。

研究认为，应当将社交媒体平台治理放在多元治理主体参与的行动者网络中开展，指出厘清平台公司的角色边界、针对不同平台角色属性采取多层化和细分化的规制路径和方式等治理模式革新的重要性。

第一节　中日比较：模式差异下的治理特点

中日社交媒体平台治理在角色定位、发展演进历程和治理模式上存在差异。角色界定方面，日本社交媒体平台经历了从"信息中介"到"信息中介 + 媒体"再到"平台生态系统的治理节点"的角色转变历程。与日本相反，我国社交平台治理存在角色冲突和价值博弈。平台治理的演进逻辑方面，日本呈现从限制平台发展到规范平台权力的过程，既有制度和社会秩序既是平台发展的阻力，也是其积极开展自治，进行治理创新的动力。在我国，平台治理经历了从自由竞争到垄断竞争再到反垄断的过程，当前正面临如何规范平台权力的制度革新问题。无论是推崇平台自治的日本，还是权威型协同治理的中国，合作规制都是未来平台治理的大趋势。

一、角色定位差异

表 6-1　中日社交媒体平台角色比较

		日本	中国
角色定位	平台内部	媒体	信息中介
	外部监管	信息中介	媒体
责任界定	平台内部	媒体的社会责任	技术中立下免责
	外部监管	法律规制下有限免责	信息内容主体责任
价值诉求	平台内部	商业发展、公信力、内容多样性	商业发展、内容多样性、技术创新
	外部监管	权利保护、市场秩序	权利保护、公共利益、内容安全

1. 日本：社交媒体平台的多元复合角色

日本社交媒体平台经历了从"信息中介"到"信息中介＋媒体"再到"平台生态系统的治理节点"的角色转变历程。作为信息中介的社交媒体平台被定义为向生产内容的用户提供服务的信息中介，受到日本《网络服务提供者责任限制法》的外部法律规制，该法赋予平台公司相对较高自主权和灵活性，由于平台公司不生产制作在平台上发布的内容，因此社交平台承担的法律责任是有条件的免责条款，不必对内容承担责任或在特定条件下承担责任。

随着社交媒体平台逐渐嵌入人们的社会文化实践，其私有性和全球性对日本现有的平台治理框架提出挑战，鼓励自我规制的法律法规落后于平台公司的运营方式。市场激励、声誉压力和监管威胁促使日本社交媒体平台转变对自身的角色认知，在监管平台内言论方面承担作为"媒体"的社会责任。1942 年，《时代》杂志帝国的负责人亨利·卢斯成立了哈钦斯委员会，发展了著名的新闻四大理论，强调社会责任是解决民主市场困境的方法。随着新闻规范和媒体道德成为新闻培训的标准，社会责任模式变得非常有影响力。

日本社交媒体平台承担作为媒体的社会责任源自日本独特的媒介环境。大众传播时代，报纸和其他传统新闻出版机构的功能是连接读者、观众或听众和广告商的双边市场，媒体机构通过垄断受众的访问来控制广告市场。网络传播时代，尽管社交媒体迅速成为日本平台生态系统的重要节点，但日本传统大众传媒产业凭借成熟市场的优势，仍然呈现"退而不衰"的产业状态（朱江丽，2019）。日本媒介学者远藤熏将这种传统大众媒体与社交媒体平台共生的媒介空间称为"间媒介社会"（complexedly-mediated society）（遠藤薫，2014），这也就意味着，社交媒体平台想要与原有的大众传媒生态融合，就要服从日本大众传媒产业长期以来坚守的核心价值，即承担作为媒体角色的社会责任。

2. 中国：社交媒体平台治理的角色冲突

我国社交媒体平台内部和外部对自身的角色认知和责任界定与日本不同，在平台治理方面存在角色冲突与价值博弈。一方面，从平台自身的角色认知层面，社交媒体平台的商业属性强调其作为双边或多边市场的作用，即将两种或多种类型的用户聚集在一起以促进交换或交易（程贵孙、陈宏民、孙武军，2006）。平台公司从技术中立的立场出发为用户提供服务，将自身视为网络信息中介或科技公司，平台型企业社会责任的缺失（肖红军、李平，2019）导致其不愿或不主动为平台内的问题和风险承担平台责任。

另一方面，从平台治理制度层面看，国家对平台的外部监管重视对平台内容的结构性治理，将内容治理看作当前网络综合治理体系的关键部分（谢新洲、朱垚颖，2021），在法律政策体系中强调平台应当履行的内容管理责任（李欢，2021）。如《关于进一步压实网站平台信息内容管理主体责任的意见》（国家互联网信息办公室，2021 年 9 月）、《互联网信息服务算法推荐管理规定》（国家互联网信息办公室等，2022 年 1 月）等管理条例，无不从外部监管方面强调平台对信息内容的主体责任。

3. 中日比较：厘清平台角色边界的重要性

角色定位上，在中国，平台内部对自身信息中介的角色认知，与外部监管对平台公司"像管媒体一样管平台"的责任分配存在冲突，这一冲突也导致平台公司的价值诉求与外部监管的规制目标的不一致甚至抵触。对平台公司来说，作为互联网企业的商业属性注定了其在市场发展中追求的利益最大化的目标，主要通过不断的技术创新和提供让用户更满意的服务达到。而政府外部监管则希望平台公司承担社会责任，实现内容安全、社会稳定的公共利益。平台角色定位上的错位和边界模糊增加了政府监管的成本，也使治理措施一直停留在事后追责的被动处境。

对日本社交媒体平台而言，只有重新确立平台公司的公共性和社会性，并由此明确一系列需要承担的平台责任，如对内容多样性的保障、以事前规制的方式主动监管在线非法和有害信息（诽谤中伤言论、青少年有害信息）等，保障平台用户的基本权利，才能巩固社交媒体平台在日本社会的公信力，从而维护其商业发展和市场主体地位。这一平台发展的价值诉求与公权力机构外部监管的价值诉求相一致，从而激励国家和政府采取多种形式开展合作规制，激励行业有意识地遵守公共利益。

二、演进逻辑差异

表6-2　竞争视角下中日社交媒体平台权力演进比较

中国	发展阶段	自由竞争（1994—2008）	垄断竞争（2008—2016）	公共俘获（2016至今）
	权力秩序	权力萌芽	权力崛起	限制权力还是规范权力？
	价值诉求	市场发展	商业利益最大化	商业利益与公共利益平衡
日本	发展阶段	自由竞争（1995—2004）	多元竞争（2004—2019）	反垄断（2019至今）
	权力秩序	限制权力	限制权力	规范权力
	价值诉求	市场发展	商业利益与制度博弈	商业利益与公共利益平衡

从工业社会向数字社会转型的最大挑战是平台上公权力与私权利的再平衡问题，不同国家、不同制度都面临同样问题，只是呈现方式不同（方兴东，钟祥铭，2022）。

日本社交平台发展阶段经历了从自由竞争（1994—2004年）、多元竞争（2004—2019年）和反垄断（2019年至今）阶段。在互联网发展早期的自由竞争阶段，日本互联网领域的创新创业一直被传统产业的垄断力量挤压和打击。传统产业秩序和结构对新兴企业的发展有着极大的制约作用。随着信息技术的迭代更新与数字产业发展，无论是如雅虎日本这样的本土平台公司，还是以"GAFA"为代表的跨国性平台公司，都试图在日本市场扩张份额，但既有的法律制度（如《个人信息保护法》），以及日本民众和大众媒体对平台行为的监督，促使平台不得不在既有的规制框架下开展运营服务。因此，日本互联网平台经历了从限制到规范的过程。

相比日本，社交媒体平台在我国的权力崛起引发了滥用垄断地位、公权力俘获、破坏公平竞争等尖锐问题，其发展历程可以用"搭便车"概括。将社交媒体平台治理放在更宏观的互联网平台治理的视域下审视，我国平台治理经历了自由竞争（1994—2008年）、垄断竞争（2008—2016年）和公共俘获（2016 年至今）阶段。2008 年以前的自由竞争阶段，互联网是反垄断的"保护对象"。政府主要防范传统 IT、通信行业对互联网领域创新创业的打压与冲击，平台权力处于萌芽期（方兴东、钟祥铭，2021）。

2008 年全球金融危机后，得益于蓬勃发展的经济和宽松的政策机遇，中国互联网企业展开内卷化的内部竞争，平台权力不断崛起扩张。发展至今的"超级平台"俘获公共领域和公共权力（方兴东、钟祥铭，2021），我国也开展一系列反垄断和平台规制措施，试图重新激活产业创新和竞争（方兴东，2022）。

反垄断措施是限制平台公司发展还是规范数字市场秩序，取决于制度设计的适配度。以个人信息保护为例，日本早在 2005 年施行《个人信息保护法》，并在互联网产业和平台公司进入市场过程中不断修订该法，同时制定了一系列合作规制的配套措施，如日本个人信息保护委员会的一元化监管，以及政府对平台透明度、隐私协议规范化的要求等，规范而不是遏制平台发展。

我国也在 2021 年 11 月施行《中华人民共和国个人信息保护法》，引入针对大型互联网平台的特别义务等，是对平台治理顶层设计的推进。但不能仅仅依靠"一锤定音"的关键法律（方兴东，2021），还要跟进和完善配套的规制工具，才能把权力关进制度的笼子里。

三、平台生态系统与多元主体参与

如果从更宏观的技术与社会互动的视角出发，将平台生态系统看作由人类和非人行动者组成的行动者网络。作为技术服务型公司，社交媒体平台被看作由一系列代码编写而成的"技术架构"（莱斯格，2018）[6]。代码可以以相对较低的成本灵活而精确地设计，不受现实空间的物理条件约束（Grimmelmann，2004）。社交媒体平台作为网络信息传播的"在线看门人"（Zittrain，2005），通过设计和改变人工智能技术和算法架构开展自动化监管，平台基于技术的架构规制具有事前规制和自动执行的特点，使被规制者察觉不到规制行为的发生（成原慧，2011）。

在日本，除了政府、行业团体、大众媒体、社会公众等传统意义上的平台治理主体外，电信运营商、智能终端制造商、应用商店、智能手机操作系统等非人行动者也被嵌入规制行动者网络（详见第五章分析）。在多元主体参与的规制行动者网络中，社交媒体平台是治理网络中的重要节点，但并非中心节点。其中，国家、行业团体、用户等政治经济行为者使用各类规制工具，对社交媒体平台权力进行制约和规范。社交媒体平台的基础设施角色被相对化，并被相关规制制约。

在我国，平台治理中中国移动、中国联通、中国电信三大电信运营商缺席，智能手机生态系统提供商仍然缺位。如何将更多具有治理权力和治理能力的主体嵌入平台治理网络之中，是未来制度设计的改革方向之一。

第二节　合作规制：建立平台治理的规制行动者网络

本研究第三章到第五章的案例讨论为未来合作规制的制度设计提供了一些经验。本节从合作规制的视角，对社交媒体平台治理的行动者网络中，多元行动者的责任分配、规制手段及其需要关照的问题进行总结，并对各方行动者之间的互动关系进行讨论，为实现合作规制的制度设计搭建一个可执行的制度框架（表6-3）。

表6-3　社交媒体平台合作规制的制度设计

治理主体	政府	社交媒体平台	行业协会	社会规范
角色功能	元规制中心	媒体＋商业主体＋技术架构＋治理网络节点	协调中介	舆论监督
规制工具	信息披露 监管阴影 价值引导	透明性原则 说明责任 信赖关系	标准制定 协调统筹 激励相容	评价投诉 媒体报道
价值诉求	公共价值 市场秩序 权利保护	商业利润 市场发展 社会声誉	行业规范 企业公平 政府关系	用户权利保护 平台权力监督

一、政府：从鼓励自治到制定规制目标

合作规制模式下，政府以立法规制、行政规制等规制手段对社交媒体平台自治进行外部规制。政府主导的直接规制具有执行力强的优势，但在促进产业创新方面存在风险。并且，信息技术的迭代更新使既有法律政策往往无法解决随时出现的新问题。鉴于政府直接规制的困难性，政府部门制定相关法律法规时可重点转向基于目标的立法和规制，具体实现则由平台自治执行。政府充分发挥元规制的角色功能，通过设计促进社交平台自治的激励机制，协调各治理主体间的利益分配，以及制定具有一定强制力和法律威慑力的事后惩戒措施等，规范各治理主体的行为。

1. 元规制中心

自我规制强调在没有政府或监管机构正式监督的情况下，企业对自身施加规范和控制，从而实现公共利益的行为。第二次世界大战时期言论统制的历史使日本传媒业形成以业界团体为核心的自治制度，日本新闻协会、日本放送协会、日本民间放送联盟等通过制定行业内的基本方针和伦理纲领约束媒体机构的行为活动。但随着社交媒体平台的崛起，社交媒体平台在社会中承担的复合角色使单纯依靠业界团体或平台自治，解决复杂化和多层次化的平台治理问题成为妄想。这一背景下，日本社交媒体平台治理从鼓励自治转向目标导向的元规制。政府成为治理的中心，通过制定规制目标，同时赋予社交平台公司一定的自由裁量权，实现最终的治理目标。

元规制模式下，国家扮演社交媒体平台自我规制的促进者或监督者角色。传统形式的监管被认为大大消除了监管目标的自由裁量权，政府需要准确地告诉规制对象必须做或实现什么（Bardach & Kagan，1982），法律法规以预先规制的方式描述了规制对象具体的行为和义务。而在元规制中，法律法规则描述了需要保护的对象，并对具体的实施方式保持开放态度（Decker，2018；Kaplow，1992），以"引导"的方式参与市场结构调整，使自然发生的私人活动有助于推进公共政策目标（Grabosky，2017）。

日本关于社交媒体平台治理的相关法律明显体现了"目标导向"的元规

制特点。例如，在日本《网络服务提供者责任限制法》中，对平台责任"有限免责"的限制性条款，以及日本《青少年网络环境整备法》中，对各治理主体提供"内容过滤服务"的强制性义务等，均通过法律规制明确最终的治理目标，而社交平台使用何种技术手段或规制模式能够实现这一目标，则由平台公司而不是政府筹划。

尽管元规制为社交媒体平台的自我规制保留了实现目标的部分自由裁量权，但由于法律规制只提出了一个目标，即便平台公司有更好的方式来寻找公共问题的解决方案，他们也不一定有更好的动机这样做。因此，在实践中，这种基于目标的元规制与社交媒体平台实际运营之间产生了差距。元规制面临的关键问题是确保社交媒体平台使用给予他们的自由裁量权实现符合公共利益的规制目标，而不是实现商业的私人利益，形成"公共俘获"（Coglianese & Mendelson，2010）。这需要政府使用相应的规制工具鼓励或强制社交媒体平台建立内部自治机制，认真履行相应的公共责任，包括激励手段、利益协调机制以及具有法律强制力的惩治措施。

2. 规制工具箱：社交媒体平台自治的激励机制

作为解决企业发生内部无效率问题的策略，"激励性规制"在现存规制下，给予被规制企业提高内部效率的诱导或刺激，鼓励企业开展自我规制（植草益，1992）[151]。来自政府的激励措施一般被区分为积极性激励和惩罚性激励，前者对鼓励或协助合法行为的公司有利，后者只对违反法律或监管标准的公司进行惩罚。与传统的政府监管对企业行为的激励性规制不同，鼓励企业自愿自治的政府激励措施在预期效果上更为积极（Ruhnka & Boerstler，1998）。

（1）信息披露

社交媒体平台日益成为社会运行的基础设施，其往往比政府拥有更多实现法律目标的手段和信息。社交媒体平台与政府之间巨大的信息不对称性，决定了政府应通过向社交平台提供某些选择，激励其采取自愿行动，将其掌握的信息用于治理目的。因此，政府促进社交平台自治的激励方式应根植于降低不同治理主体间的信息不对称。

在没有监管约束和利益激励时，社交平台基于成本、竞争等利益考量，不愿主动披露信息，导致平台内容审查机制黑箱、用户个人数据采集和使用不透明等负外部性的产生。而信息披露"要求企业披露社会责任表现能营造出一种让利益相关者对企业行为进行约束的局面"（Rahim，2013）[144]。

日本政府通过强制社交媒体平台依据法律程序披露侵权信息发布者个人信息、向社会公开平台自治透明度报告，以及制定平台隐私政策的信息披露标准等形式，向社会公开信息或与个人信息保护委员会等监管机构共享信息，降低不同治理主体间的信息不对称性。

（2）监管阴影

激励机制是一种针对被规制者主动作为的规制战略，但是对于不打算响应激励措施、不愿意主动作为的公司来说，这种战略也许并不能起到有效威慑作用（鲍德温等，2017）[140]。为保证企业自我规制的制定和执行，日本政府采取"监管阴影"（规制の影）的方式，激励社交媒体平台开展自治活动（生贝直人，2011）[48]。监管阴影是指，政府保留制定相关行政法规、处罚条款的权力。当社交平台不制定自治规则，或自治规则不能有效抑制或解决平台治理问题时，政府会采取直接规制的方式确保规制的实际效果。

这在社交媒体平台的内容监管中表现得最为明显。由于日本宪法对表达自由的绝对保护，《网络服务提供者责任限制法》中的相关条款实质上是对社交平台自主规制设定了"激励框架"，通过明确网络服务提供者处置平台内违法不良信息的免责要件，鼓励其自愿采取措施事前规避违法内容，否则将会承担相应民事赔偿责任。通过一定程度上明示"监管阴影"，间接地要求社交媒体平台建立内容审查制度，治理平台内的违法不良信息。

事实上，随着日本社交媒体平台治理问题复杂化，平台自治局限性凸显，日本政府逐渐收紧了规制之网，平台治理的规制光谱中，指针逐渐向政府规制偏移。2022年6月，日本国会通过了刑法修订案，针对社交平台上诽谤中伤言论的对策，对"侮辱罪"进行了更严格的处罚，从行政拘留提高至1年以下有期徒刑。除了"侮辱罪入刑"外，2020年修订的日本《个人信息保护法》中，也加大了法人违反个人信息保护法的惩罚力度，最高可处以1亿日元的罚款。政府监管通过切实加强事后惩处力度，要求平台对达到"良好行为或表现的门槛标准"负责（Grabosky，2017）。

3. 价值敏感设计："通过设计保护"

面对快速而剧烈的技术变革，社交媒体平台技术架构的隐患往往在基础设计时就存在，并且在设计完成后很难克服。"通过设计保护"彰显了这样一种原则，即通过构造包含某种价值的代码来规制扰乱其他利益平衡的"代码"（莱斯格，2018）[6]。"通过设计保护"的理论来自价值敏感设计（value sensitive design）（张涛，2020）。价值敏感设计假设应该在创建技术之前即将伦理重要性的价值观系统地整合到技术设计中（Friedman, Kahn, Borning & Huldtgren, 2013），并在实施该技术以减轻负面影响时解决已确定的价值影响（de Reuver, van Wynsberghe, Janssen & van de Poel, 2020）。

日本社交媒体平台治理中，日本总务省通过制定《智能手机隐私倡议》，强制推行保护青少年的内容过滤服务等方式，要求各社交平台公司在架构设计时就考虑到"通过设计保护隐私"（privacy by design）、"通过设计保护青少年"（protection of children online by design）等公共价值原则，并在平台运营的整个生命周期中提供具有上述价值观的服务。

"通过设计保护"为社交媒体平台运营者设计自动化决策时的技术标准提供了参考框架。政府通过在政策文件中嵌入这一重要原则，为社交平台运营者履行社会责任提供指引。平台运营者通过把政府倡导的价值与其业务的结构、大小、数量以及敏感度联系起来，进行产品设计或者提供服务，提升社交平台技术架构系统的合规性，保障用户表达自由、个人信息保护等相关基本权益。

二、社交媒体平台的自治原则

在基于规则的命令控制规制模式下，由政府监督平台公司是否遵守法律规定开展业务服务。与之相对，在基于目标的合作规制模式下，法律并未规定平台公司必须遵守的行为细则。平台公司要自我监督是否实现了法律规定的目标，并向公众披露信息和说明解释公司的自治行为合规性，建立信赖关系。

1. 贯彻透明性原则

社交媒体平台的技术架构属性使不透明的自动化决策遍布平台生态系统的各个部分，如社交媒体平台的内容审核、平台用户的信息采集与使用等，无形和不可知的规则操作组成社会技术组合套件的隐喻（Pasquale，2015）。透明性是打开技术黑箱的一把钥匙，包括代码透明、设计透明、政策透明、流程透明和结果透明（Williamson & Bunting，2018）。

贯彻透明性原则，就需要社交媒体平台在自我规制设计中设置相应的公开机制，通过公布内容审核及用户数据采集使用的标准和规范，确保用户及公众的知情权。可以通过平台定期发布透明度报告，开设隐私保护中心等方式实现。如 LINE 定期发布的透明度报告中公布每个季度删除内容的数量、规则变动、向其他组织或个人公开数据的情况等，通过公开平台在制定和执行规则中的动向，打开自动化决策的技术黑箱。

2. 履行说明责任

社交媒体平台的媒体属性要求其履行相应的社会责任和说明责任，即以一定的方式向用户和公众说明技术架构系统决策的内在逻辑，特别是向利益相关者解释说明平台的架构设计对权益实现的现实影响。在平台规范执行过程以及纠纷解决等权力运行过程中，社交平台需履行决策的可解释性，即系统运行结果与主观预期的关系（苏宇，2022）。

例如，被用户举报或算法标记的平台内违规内容，平台在对其采取封锁或删除措施之前，须通知用户平台内容处置措施的实施原因和标准，即告诉用户内容已被举报并可能在审核后被删除，以及该内容违反了平台哪些具体政策。如果用户认可平台的处置说明，则违规内容被删除；如果用户对平台说明进行反驳，平台须重新评估对争议内容的处置。社交平台对相关内容处置措施的信息披露和解释说明，能够保障言论自由和用户基本权利。

当平台技术架构系统自动化运行过程中造成严重违规行为或事故，如泄露用户隐私、侵害用户表达自由权利或对社会信息生态产生负面影响时，社交媒体平台需要主动成立由具有相关领域专业知识的专家组成的事故调查委员会，调查事故原因并向社会主动说明披露，以及提出预防对策和改进方案，将社交平台的业务服务置于社会监督之下。

3. 建立信赖关系

在社交媒体平台遵守上述自治原则过程中，重要的是获得社会信任，使用户和公众相信平台相关主张和声明的真实度和可信度。可以建立社交媒体平台评级体系，对那些积极履行社会责任的平台服务予以认证，是对平台自治可信度的量化表现。例如，日本 EMA 对社交平台的资质评估表明，可以从平台服务的基本管理方针、平台自治完善程度、用户投诉与应对、企业社会责任四个维度，对社交媒体平台的运营、内容管理进行资质评估和内容认定。如社交媒体是否为用户设置了年龄认证选项、是否采取自主规制措施对网站内的信息内容进行监管等一系列客观指标对社交媒体进行评估。对社交平台的评级认证可以敦促平台根据评估结果，积极主动改善运营层面的问题。另一方面，也可以使社交平台治理过程接受社会监督。

与用户建立信赖关系可稳定社交媒体平台的社会声誉，当社交平台增加面向公共的管理，并从自我规制的努力中获得了与私人利益之间的互补时，可以改变平台公司的成本效益比例，激励社交平台在提供公共和私人服务时为减少风险投入更多的成本。

三、行业协会：协调政府与平台的关系

行业协会又被称为"私益政府"（Garrity & Picard，1991），承担原来由政府承担的准公共职能。它与国家权力之间形成了一种相互依存的关系，既依赖国家提供的各种制度资源，也就是"国家为取得生存合法性而用来调节和约束民间组织活动所采取的一切形式或形式的标准"（俞可平，2006），同时为了实现促进产业创新和保护社会价值，也通过自己的创造力和独创性来实现规制目的。

作为联结政府和社交媒体平台的中介桥梁，日本行业协会一方面是政府治理政策的主要推动主体，与政策制定者有着紧密的关联。另一方面，它也会将社交媒体平台自治中面临的问题和解决手段积累总结后反馈给公共机构，

并告知政府平台公司对规制政策的遵守情况，在政府和社交平台公司的纵向关系中进行磨合和协商。

1. 精细化监管：制定标准或规则

立法所提供的普遍性规则仅构成公共标准的基线要求，规制目标的达成有赖于行业内部对规则的细化。行业组织制定的非政府性质的标准和规范整合了此领域的主要专业知识，而且所规制事项迅速变动时，让非政府组织制定标准，显得尤为适当（鲍德温等，2017）[125]。社交媒体平台治理中的议题具有分散性和专业化的特点，无论诽谤中伤言论的内容审核，抑或用户个人信息的规范使用，都需要以统一和具体的规则或标准进行规制。

与政府直接监管相比，行业协会在本领域内具有垄断性话语权，并对行业内的中小企业有更大掌控力。因此，以行业协会或组织针对某一具体问题发布行为准则和方针的形式，规范各治理层级的行为主体，有助于更高效且灵活地实现规制目标。

标准包括规范、目标、任务以及规则，是规制体系参与者应当遵守的一系列行为要素（鲍德温等，2017）[115]。目标导向的合作规制模式下，社交媒体平台自治的标准包括违法有害信息的判断标准、平台阻断违法有害信息传播的程序标准、平台隐私协议内容文本标准、可供青少年使用的社交媒体的准入标准等。这些标准的制定者不仅包括政府主体（state），更涵盖了行业协会、社会组织等非政府主体（non-state），多样化的标准制定策略使修订和持续修正标准规则更加灵活，从而更好地适应不断变化的产业环境，提高合作规制的有效性。

2. 协调统筹：统一异质化社交媒体平台的自治政策

尽管迫于政府监管压力或用户市场诉求，社交媒体平台都制定了内部自治规则改善平台运营，但不同社交平台各自为政的自治措施让监管部门很难获得准确反馈。行业协会自律通过设定成员资质，限制非成员的竞争，以及为从业者制定行为规则获得一定权威性（鲍德温等，2017）[188]。

因此，行业组织可以统筹异质化的平台自治政策，如日本社交媒体协会

（SMAJ）要求其会员单位整顿平台用户协议，将"禁止故意发布针对个人的名誉损毁、侮辱性言论行为"明确记载在用户协议上，以及倡导社交媒体平台间构建"维护用户权益对策的数据共享档案库"。这一规制过程中，行业组织实质上扮演了有效联通各自为政的社交平台的统筹者角色。

3. 激励相容

源自经济学的"激励相容"机制要求"个人追求自身利益的同时社会利益也达到最大化"，即机制参与者的个人利益与机制所要求的行为一致（张效羽，2016）。参与治理的主体通常以自身利益为导向进行议价，政府迫使企业参与某些类型的治理工作，实际上要求这些公司将一些资源转移到针对公共问题的管理工作上，而不是针对私人回报的投资上（Coglianese & Mendelson，2010）。

斯科特（Scott）观察到，监管权力可以广泛分散，国家不再是社会和经济生活的主要控制点（Scott，2004）。有更多的行为者参与并影响着社会控制，如市场、社区和协会（Ayres & Braithwaite，1992）。与政府根据企业违法行为类型实施统一的制裁相比，作为第三方的公共利益集团创造了一种环境，使被规制者在实施行为时，要充分考虑行为的社会影响和风险程度。

当社交媒体平台违反法律或社会规范时，政府可引导行业协会、主流媒体等治理主体对网络平台进行追责问责。根据平台行为造成社会影响的恶劣程度，行业协会可采取取消会员认证、降低信誉评级等软法层面的制裁手段。主流媒体也可利用社会影响力开展大量问责报道，敦促平台重视并采取措施解决相关问题。并且，用户成为社交平台治理的参与主体，通过在互联网上发布和分享相关新闻报道和评论，迅速影响社交平台产品和服务的价值，对平台公司的社会声誉产生影响。

第三方监管成为社交媒体平台遵守法律和社会规范的重要激励和制裁因素。当然，政府仍然是监管的中心，但更多利益相关方的参与和互动为社交媒体平台治理的路径选择提供了更多可能性。

四、社会规范：社交媒体平台自治的外部舆论压力

社会规范是"一个群体或社区对成员在特定背景下应该如何行为持有的信念"（Huang & Hilary, 2012）。社交媒体平台治理中，社交媒体平台公司与用户之间存在多层次的利益关系。对社交媒体平台而言，用户作为终端消费者，属于利益客户，用户的选择意向对社交平台的利益实现有着根本性影响。

基于社会规范的规制一方面体现在社交媒体建立平台用户必须接受并遵循的行为准则，使平台自治规则具有社会规范的地位。同时，平台用户以参与、评价、投诉的方式自下而上地介入规范的制定和执行。另一方面，主流媒体、专家与社会上的其他利益相关者（社会组织、学校、家庭监护人等）对平台自治规则开展元规范，使社会规范的规制过程更符合公众的共识和期望。

1. 自下而上的用户反馈

社会规范可直接来自反映平台用户共识和偏好的网络规范（戴昕，2019）。在日本，许多社交平台用户认为他们有权在他们的社交媒体行为中自由表达，并且当他们的内容被删除时会感到不安。因此，用户自下而上的反馈路径能够敦促平台在自治规范中反映用户的偏好和利益，从而修正平台自治规范的恰当性。

（1）用户评价

用户评价反映了市场对平台自治规范的规制，因为消费者对某些产品的偏好可能决定公司行为（Grabosky, 2017），用户评价以多种方式影响社交媒体平台。首先，大量用户的负面评价将会使平台声誉受损，平台既有用户和潜在用户会基于用户评价权衡个人利益和平台使用之间的利弊，使用户做出拒绝继续使用社交平台应用服务的决定，并基于用户评价在同质化社交平台服务中做出选择。当平台公司发现平台准则可能产生疏远用户的效果，则会在规则制定和执行领域修正规制内容，迎合用户偏好。

（2）用户投诉

社交媒体平台用户通过建议和投诉的方式对平台自治规范提出建议和申诉，从而间接影响平台自治实践。例如，雅虎日本和 LINE 等社交媒体公司推出信用评分服务后，经历了用户强烈的投诉和抵制，这些公司改变了政策和技术，以满足用户的要求。

为了应对用户关于删除、封停账号等方面的投诉和咨询，社交平台公司应建立用户投诉制度并规范处理用户投诉的流程，以易于用户理解的方式公开披露并保障其正常运作。并且，第三方机构应建立健全保障用户投诉渠道畅通的机制，敦促社交平台按照规定处理用户投诉。最后，在国家社交平台治理的制度设计中，应充分重视用户在内容治理中的监督作用并将其反映在政策制定层面上，通过修订法律、强加监督管理等方式，使用户在权利受到侵害时可获得必要的程序救济。

虽然消费者与经营者之间的形式是对等的，但是实际的能力与交易地位是不对等的，消费者是弱势的（钱玉文、骆福林，2011）。因此，当社交媒体平台与用户之间发生纠纷时，行业协会以"通知""敦促"等方式调解纠纷，通过设置灵活、便利、高效的程序，低成本解决平台处置用户维权动力不足的问题。如日本网络安全协会（SIA）开设的"诽谤中伤热线"，针对用户投诉的平台内诽谤中伤言论，通知并敦促平台按照用户协议对其采取删除处理或其他处置。如果相关平台未按照用户协议及时删除违规内容，SIA 可通知日本法务部等政府监管部门对相关平台实施警告等处罚。

（3）用户参与

用户参与即发挥用户在平台争议内容判定中的监督作用，提升用户在争议内容判定中的话语权。用户可以在内容的选择、编辑和分发中发挥积极作用，通过喜欢、标记、评级和分享等活动，积极影响他人接触的内容。首先，平台可以为用户标记有问题的内容和行为提供工具，从而提高平台自治的效率。其次，由于社交平台上的许多内容只有在用户分享时才会传播和产生社会影响力，平台可以为用户提供过滤搜索和自我选择的个性化工具，使用户能动地选择他们希望接触的内容，并远离那些不想看的内容，从而促进社交平台用户通过分享行为扩大优质内容的影响。

保障用户参与环节取决于社交媒体平台的可供性，即平台通过代码设计将该理念植入系统运行中。同时，还需要明确和细化用户参与的组建流程，确保用户得以真正参与到平台自治规范建设中去。

2. 来自行业协会与媒体报道的舆论压力

（1）舆论压力

主流媒体、专家学者等外部治理主体同样是平台规范的制定和执行的重要监督者。当社交平台公司运用制定平台规范的权力侵害用户合法权益时，主流媒体的揭露和公开报道起到强制规范的作用。专家学者以参与平台规范制定、公开发表对平台规范的评价等方式参与治理过程，作为用户和公众的代言人，从专业角度监督平台规范执行。

如在 Rikunabi 事件中，媒体的广泛报道使其企业形象大受影响，引起公众和社会广泛关注，最终以公开道歉和停止平台服务运营的方式挽回社会声誉，实现教育和劝诫平台公司及时改进运营的效果。

（2）联合抵制与调解纠纷

为保护会员企业利益并维护市场正常秩序，行业协会可采取一定措施对不遵守行业规则、破坏行业形象的"害群之马"进行抵制（Berkowitz & Souchaud，2019）。

第一，拒绝授予平台公司参与市场竞争需要的身份认证或资质条件。行业协会的强制执行可以包括撤销认证或取消成员资格，如移动通信内容论坛（MCF）是经日本个人信息保护委员会授权的，对移动通信产业领域"privacy mark"的认证机构，个人信息保护机制不完善的社交媒体平台无法获得"privacy mark"标识，对其市场信用和声誉产生负面影响。

第二，以诉诸公开威胁的方式促进社交平台合规行为。行业协会的非正式权力运用以信息控制为基础，通过收集平台违规信息，并联合媒体进行公开发布，引起公众和社会广泛关注，实现教育和劝诫平台公司及时改进运营的效果。

由于行业协会开展的联合抵制行为可能导致排挤竞争对手和市场垄断的负面效应，因此，需要确保一定的正当程序，保障联合抵制行为与立法政策目的相一致。

第三节　小结：从自上而下的分级监管
到治理行动者网络

"国家—社会"的二元分析框架从自上而下的外生视角，将信息和网络传播技术视为"透明"的中介和工具，个人或组织对其加以利用从而达到治理目标（易前良，2019）。这一治理模式采取以政府为主体、以业务许可制为基础、以规范有序为管理目标的分级监管机制（岳爱武，苑芳江，2017），不仅监管的信息成本和执法成本过高，缺乏协调和联动的机制还可能阻碍互联网企业创新和市场发展。

规制行动者网络将技术、观念等非人物件（object）也看作行动者（agency），假设人类和非人类行动者共同形成治理行动者网络。

从这一视角看待社交媒体平台治理，即将平台社会中的关键各方及其互动看作治理行动者网络。其中，社交媒体平台的技术架构因其可供性（affordance）而成为重要治理主体，但并非唯一的治理主体。同时，更多的利益相关者参与社交媒体平台的治理网络，不仅包括行业组织、用户，也包括过滤内容服务、平台规则等非人行动者，通过对治理目标的"转译"（translation），形成社交媒体平台合作规制的治理网络。

一、政府：从规则的制定者到原则的制定者

政府规制的目的是推动社交媒体平台、用户等多方行动者在实现共同价值的目标上达成一致。为了使其可行，政府在传统命令控制型监管中，通过为特定类型企业规定具体义务与规则的方式不再有效，制定规则的原则从"基于规则的规制"转向"基于原则的规制"（Nooren et al.，2018）：一方面通过法律规制明确所要实现的公共政策目标，使社交媒体平台治理不完全

受制于平台的自治举措，另一方面也可为社交媒体平台留出空间对可行的解决方案试错。

这一过程中重要的是政府制定相关原则，通过提供"强制性通过点"（obligatory passage point），将社交媒体平台等其他行为者征召到合作规制网络中，如制定"通过设计保护隐私"在内的平台技术架构设计的原则，为平台提供公共服务需履行的责任和义务等。并且，政府也需制定激励机制，通过鼓励信息披露、明确标准制定、推动激励相容等激励工具，动员社交媒体平台积极开展自治，确保公共价值的实现。最后，为了保障政府规制的执行效力，政府需要制定措施和程序监控合规情况，并在必要时采取行动（Helberger，Pierson & Poell，2018）。

应根据社交媒体平台的自治效果和相关社会影响，实施适当的制裁。政府可利用"监管阴影"要求社交平台积极配合事实调查和自治规则改进，否则将会采取更加严格的规制措施。也可动员行业协会等社会行动者对社交媒体平台进行第三方监管，使平台在实施行为时，充分考虑可能产生的社会影响和风险。

二、社交媒体平台：从被监管者到规则的共同设计者和执行者

社交媒体平台作为程序代码和技术系统的设计者和所有者，"堪称网络传播中最具技术含量的行动者"，通过各种运作与其他行动者连接，建立横向、跨境的行动者网络（易前良，2019）。因此，社交媒体平台政策和架构设计选择对于确保技术架构的公共价值至关重要。

在规则制定方面，企业应积极制定平台政策、用户行为准则和标准，征召"平台规范"进入治理行动者网络，在平台实际运营中体现法律和公共价值。但社交平台的商业利益和战略动机并不总与公共利益保持一致（Helberger et al.，2018），因此，平台公司有义务通过透明的信息披露履行说明责任和自主监测评估等方式，向公众和社会传达自治行为的合规性，提高平台公司的社会信任。其中，技术架构作为非人类行动者，其可供性为社交媒体平台的转译和动员创造了条件。通过技术接口、界面设计以及互操作性等控制平台内的信息流动并引导用户行为。为了赋予技术架构"前瞻性设计责任"（Thompson，2014），政府、用户等其他行动者应参与其中，促进

政策目标的实现。

三、用户与其他利益相关方：从被动行为者到主动干预者

构成社交媒体平台治理行动者网络的节点不仅包括政府、平台公司和技术架构，还有用户、移动网络运营商、智能手机生产商、系统软件开发商等多元利益相关者，其中关联最密切的是用户。

一直以来，用户被视为被动行为者，即被动地提供输入，不断将行为数据投喂给人工智能系统（何塞·范·迪克，孙少晶，陶禹舟，2021）。合作规制要求社交平台在架构设计和规则制定时赋予用户更多的自主权，使用户成为系统的"干预者"（interveners）。用户不再是脆弱和不知情的，而是可以成为向社会传达其价值观和评价的积极力量。用户通过参与、评价和投诉，自下而上地对社交平台规则制定，以及法律政策修订和完善进行信息反馈，鼓励平台内自愿规范形成的同时，也增加了社交平台公司实现公共价值的动力。

除用户以外，行业组织作为协调国家和社会之间利益关系的中介，通过标准制定、协同合作、统筹监督等方式参与治理行动者网络，细分化和多元化的行业组织参与能够提高社交媒体平台的治理效率，降低政府监管成本。另外，社交平台治理行动者网络的外延正向外扩散，移动网络运营商、智能手机生产商、系统软件开发商、学校、青少年监护人等，都被征召进入网络，在与其他行动者的动态互动中形成新的稳定的治理网络。

四、社交平台治理中整合多元价值诉求

社交媒体平台与社会的整合过程也是与社会多元价值诉求碰撞博弈的过程。公共价值被认为是一个组织为惠及共同利益而为社会贡献的价值，一般被转化为一些主张，并通过集体参与形成一套共同的规范和价值体系（Van Dijck et al.，2018）[22]。日本政府侧重于通过监管阴影、"通过设计保护"等规制工具，将公共价值转换为平台公司和政府的共同责任，推动公共和私人参与者合作解决网络暴力、青少年保护、个人信息保护等公共问题的解决。

　　社交媒体平台在管理方面做出的决定对用户的日常生活有直接影响（DeNardis & Hackl，2015）。由于在互联网传播中的核心作用及对当代社会生活的影响程度，社交平台无疑对保护用户权利负有重要社会责任。当社交平台视自己为中立的信息中介时，其对平台内不良内容反应迟缓，并且会为了追求商业利益最大化而牺牲用户权益。为了减轻社交平台对用户造成的可能的权益侵害，日本政府监管的目标之一即通过整合规制工具，将权利保护设置为平台公司的共识。

　　在我国"政府管控、平台落实、用户配合"的权威型协同治理模式中，科层整合、平台代理、用户标记等机制相互配合，确保治理模式的高效运行。但国家、平台和用户三者都有各自独特的利益诉求，平台利益、用户权益和科层管理之间存在一定张力，三者的利益并不一致（易前良，唐芳云，2021）。社交平台治理的调适中，如何关照社交平台的多元复合角色，在不扼杀产生惊人利润以及社会效益的商业模式的情况下，规范技术带来的问题（Stockmann，2022），成为思考社交平台治理的重要方向。

结　语

　　本研究以日本社交媒体平台及其治理为对象，运用案例研究、比较研究、政策文本分析等研究方法，探讨日本社交媒体平台如何在与国家、市场和社会的互动和博弈中发展起来，其平台权力是如何被约束和规范的。本研究提出在"风险冲突—治理调适"的分析框架下考察日本社会文化语境下社交媒体平台治理的独特模式。

　　研究认为，日本社交媒体平台具有媒介组织、商业公司、技术架构等多元社会角色，社交媒体平台治理的困境恰恰是因为平台角色的复杂性与各角色相关者对其角色期待之间的冲突产生的。引发的治理风险包括表达自由与平台责任的冲突、市场秩序与平台权力扩张的矛盾、既有规制模式失灵等，需要从其演进的历史脉络中考察日本社交媒体平台与社会文化环境的博弈互动及其治理调适。

　　作为全书的研究结论，作者认为：

　　首先，针对社交媒体平台的不同角色属性，可采取分层治理路径。日本社交媒体平台兼具媒体、商业主体、技术架构、治理网络节点等多重属性，鉴于社交平台角色界定的多重化，治理方式和手段也应当多层化和细分化，针对不同的平台属性，采取不同的规制路径和方式，才能从平台技术架构设计、平台内规则制定等层面开展有针对性的治理。

　　其次，从规范平台权力的视角开展社交媒体平台治理。当前，无论是中国还是日本，以社交媒体平台为代表的互联网平台已深度嵌入人们的社会生活，重塑着社会结构和秩序。因此，通过规制措施遏制平台权力崛起和扩张并不可取也不现实。应当从规范平台权力的视角，把权力关进制度笼子里，开展社交媒体平台治理。为此，除了自上而下的公权力直接规制外，自下而上的社会规范压力，以及产业内部企业之间的共同守则的遵守都应发挥重要作用。

最后，在平台生态系统基础上构建社交平台治理的规制行动者网络。规制行动者网络即不再将社交媒体平台作为主要的治理主体或治理对象，而是将其相对化为治理网络中的节点，这一去中心化的治理思路可以规范和限制平台拥有过大的社会权力，也可促进相关治理主体共享治理控制权，从共同责任的角度实现社交平台治理有效化。

尽管总结出上述研究结论，但仍存在可进一步挖掘的研究问题。日本社交平台治理具有平台治理的共性及其本土经验的特殊性。本书从平台角色界定、平台权力制约、平台治理的规制行动者网络三个维度考察了日本社交媒体平台权力是如何被约束和规范的，并从中日比较的视角对两国治理模式的差异开展考察。除中日两国外，欧盟、美国等国家和区域同样面临复杂的平台治理问题。在今后的研究中，可进一步从多国比较的视角出发，考察全球社交平台治理模式的普遍性和特殊性。

参考文献

[1] 滨野智史, 张晨, 2020. 加拉帕戈斯化: 日本奇异的社交媒体生态 [J]. 新美术, 41 (02): 30-35.

[2] 布鲁诺·拉图尔, 2005. 科学在行动: 怎样在社会中跟随科学家和工程师 [M]. 刘文旋, 郑开, 译. 北京: 东方出版社.

[3] 程贵孙, 陈宏民, 孙武军, 2006. 双边市场视角下的平台企业行为研究 [J]. 经济理论与经济管理, (9): 55-60.

[4] 戴昕, 2019. 重新发现社会规范: 中国网络法的经济社会学视角 [J]. 学术月刊, 51 (2): 109-123.

[5] 戴维·S. 埃文斯, 理查德·施马兰奇, 2018. 连接: 多边平台经济学 [M]. 张昕, 译. 北京: 中信出版社.

[6] 方兴东, 2021. "互联互通"解析与治理: 从历史维度与全球视野透视中国互联网深层次问题与对策 [J]. 湖南师范大学社会科学学报, 50 (5): 1-13.

[7] 方兴东, 2022. 中国互联网反垄断的产业竞争力逻辑 [J]. 人民论坛·学术前沿, (8): 70-86.

[8] 方兴东, 严峰, 2019. 网络平台"超级权力"的形成与治理 [J]. 人民论坛·学术前沿, (14): 90-101+111.

[9] 方兴东, 钟祥铭, 2021. 互联网平台反垄断的本质与对策 [J]. 现代出版, (2): 37-45.

[10] 方兴东, 钟祥铭, 2022. "守门人"范式转变与传播学转向: 基于技

术演进历程与平台治理制度创新的视角 [J]. 国际新闻界，44（1）：97-117.

[11] 高秦伟，2019. 个人信息保护中的企业隐私政策及政府规制 [J]. 法商研究，36（2）：16-27.

[12] 郭道晖，2006. 权力的特性及其要义 [J]. 山东科技大学学报（社会科学版），（2）：64-69.

[13] 韩新华，李丹林，2020. 从二元到三角：网络空间权力结构重构及其对规制路径的影响 [J]. 广西社会科学，（5）：104-110.

[14] 何塞·范·戴克，2018. 互联文化：社交媒体批判史 [M]. 赵文丹，译. 北京：中国传媒大学出版社.

[15] 何塞·范·迪克，孙少晶，陶禹舟，2021. 平台化逻辑与平台社会：对话前荷兰皇家艺术和科学院主席何塞·范·迪克 [M]. 国际新闻界，43（9）：49-59.

[16] 科林·斯科特，2018. 规制、治理与法律前沿问题研究 [M]. 安永康，译. 北京：清华大学出版社.

[17] 克鲁斯克·艾尔，杰克逊·拜伦，1992. 公共政策词典 [M]. 唐理斌等，译. 上海：上海远东出版社.

[18] 劳拉·德拉迪斯，2017. 互联网治理全球博弈 [M]. 覃庆玲，陈慧慧等，译. 北京：中国人民大学出版社.

[19] 劳伦斯·莱斯格，2018. 代码2.0：网络空间中的法律 [M]. 李旭，沈伟伟，译. 2 版. 北京：清华大学出版社.

[20] 雷丽莉，2019. 权力结构失衡视角下的个人信息保护机制研究：以信息属性的变迁为出发点 [J]. 国际新闻界，41（12）：58-84.

[21] 雷雳，王兴超，2020. 网络平台青少年模式缘何形同虚设 [J]. 人民论坛，（28）：123-125.

[22] 李丹丹，2015. 日本个人信息保护举措及启示 [J]. 人民论坛，（11）：238-240.

[23] 李欢，2021. 重思网络社交平台的内容监管责任 [J]. 新闻界，（3）：63-72.

[24] 刘绍宇，2018. 论互联网分享经济的合作规制模式 [J]. 华东政法大学学报，21（3）：72-82.

[25] 罗伯特·鲍德温，马丁·凯夫，马丁·洛奇编，2017. 牛津规制手

册［M］. 宋华琳，李鸻，安永康，卢超，译. 上海：上海三联书店.

［26］罗伯特·考特，托马斯·尤伦，2010. 法和经济学［J］. 史晋川，董雪兵，译. 上海：格致出版社，上海三联书店，上海人民出版社.

［27］罗伯特·K. 默顿，2008. 社会理论和社会结构［J］. 唐少杰，齐心，译. 南京：译林出版社.

［28］罗伯特·K. 殷，2018. 案例研究：设计与方法［J］. 周海涛，李永贤，李虔，译. 2 版. 重庆：重庆大学出版社.

［29］罗莎，2020. 别让网络平台"青少年模式"沦为摆设［J］. 人民论坛，（15）：218-219.

［30］马克思·韦伯，1997. 经济与社会：下卷［J］. 林荣远，译. 北京：商务印书馆.

［31］钱玉文，骆福林，2011. 消费者权如何救济：以"消费者协会 + 公益诉讼"为建构思路［J］. 河北法学，29（11）：89-95.

［32］宋华琳，2016. 论政府规制中的合作治理［J］. 政治与法律，（8）：4-23.

［33］苏宇，2022. 优化算法可解释性及透明度义务之诠释与展开［J］. 法律科学（西北政法大学学报），40（1）：133-141.

［34］涂端午，2009. 教育政策文本分析及其应用［J］. 复旦教育论坛，7（5）：22-27.

［35］王凌红，2013. 日本网络服务提供者著作权侵权责任规制及启示［J］. 法制与社会，（33）：237-239.

［36］王宁，2002. 代表性还是典型性？：个案的属性与个案研究方法的逻辑基础［J］. 社会学研究，（5）：123-125.

［37］王震宇，2021. 数字转型的政治调适：中美平台治理的比较研究［D］. 复旦大学新闻学院博士论文. 上海.

［38］夏娜，2021. 媒体融合背景下未成年人保护的域外经验及启示［J］. 中国广播电视学刊，（5）：42-47.

［39］肖红军，李平，2019. 平台型企业社会责任的生态化治理［J］. 管理世界，35（4）：120-144+196.

［40］谢新洲，朱垚颖，2021. 网络综合治理体系中的内容治理研究：地位、理念与趋势［J］. 新闻与写作，（8）：68-74.

[41] 易前良，2019. 平台中心化：网络传播形态变迁中的权力聚集：兼论互联网赋权研究的"平台"视角 [J]. 现代传播（中国传媒大学学报），41（9）：6-12.

[42] 易前良，唐芳云，2021. 平台化背景下我国网络在线内容治理的新模式 [J]. 现代传播（中国传媒大学学报），43（1）：13-20.

[43] 俞可平，2006. 中国公民社会：概念、分类与制度环境 [J]. 中国社会科学，（1）：109-122+207-208.

[44] 原田大树，马可，2008. 自主规制的制度设计 [J]. 山东大学法律评论，（00）：236-251.

[45] 岳爱武，苑芳江，2017. 从权威管理到共同治理：中国互联网管理体制的演变及趋向：学习习近平关于互联网治理思想的重要论述 [J]. 行政论坛，24（5）：61-66.

[46] 张涛，2020. 个人数据保护中"通过设计保护隐私"的基本原理与制度建构 [J]. 华东理工大学学报（社会科学版），35（6）：129-144.

[47] 张小强，2018. 互联网的网络化治理：用户权利的契约化与网络中介私权力依赖 [J]. 新闻与传播研究，25（7）：87-108+128.

[48] 张效羽，2016. 互联网分享经济对行政法规制的挑战与应对 [J]. 环球法律评论，38（5）：151-161.

[49] 张志，2010. 解析日本的新媒介法制构想及内容规制理念 [J]. 国际新闻界，（1）：60-64.

[50] 赵谦，2020. 行政法论丛：第 25 卷 [M]. 北京：法律出版社.

[51] 折晓叶，2018. "田野"经验中的日常生活逻辑：经验、理论与方法 [J]. 社会，38（1）：1-29.

[52] 植草益，1992. 微观规制经济学 [M]. 朱绍文，胡欣欣等，译. 北京：中国发展出版社.

[53] 欧阳康，张明仓，2001. 社会科学研究方法 [M]. 北京：高等教育出版社.

[54] 周辉，2016. 变革与选择：私权力视角下的网络治理 [M]. 北京：北京大学出版社.

[55] 周辉，2017. 技术、平台与信息：网络空间中私权力的崛起 [J]. 网络信息法学研究，（2）：68-99+215-216.

[56] 朱迪·弗里曼, 2010. 合作治理与新行政法 [M]. 毕洪梅, 陈标冲, 译. 北京: 商务印书馆.

[57] 朱江丽, 2019. 日本大众传媒产业: 是 "退而不衰" 还是 "成熟市场陷阱"? [J]. 现代日本经济, 38 (1): 33-44.

[58] 邹焕聪, 2013. 社会合作管制: 模式界定、兴起缘由与正当性基础 [J]. 江苏大学学报 (社会科学版), 15 (2): 86-92.

[59] 奥邨弘司, 2011. 動画投稿共有サイト管理運営者と著作権侵害 (3・完): 民事責任に関する日米裁判例の比較検討 [J]. 知的財産法政策学研究, (36): 121-152.

[60] 浜田純一, 2002. 表現の自由のインフラストラクチャー (特集"表現の自由"の探求 -- メディア判例研究会五周年記念企画) [J]. 法律時報, 74 (1): 4-9.

[61] 浜田純一, 2017. 情報通信政策研究の新たな段階に向けて [J]. 情報通信政策研究, 1 (1): 3-8.

[62] 本村憲, 橋本誠, 井上明, 金田重, 2000. ネットワーク上での情報統合に対するプライバシー保護 [J]. 情報処理学会論文誌, 41 (11): 2985-3000.

[63] 常本照, 1998. インターネットと表現の自由 (第 10 回日本計算機統計学会シンポジウム報告) [J]. 計算機統計学, 10 (1): 68.

[64] 成原慧, 2011. 情報社会における法とアーキテクチャの関係についての試論的考察: アーキテクチャを介した間接規制に関する問題と規律の検討を中心に [J]. 情報学研究, (81): 55-69.

[65] 成原慧, 2016. 表現の自由とアーキテクチャ: 情報社会における自由と規制の再構成 [M]. 東京: 勁草書房.

[66] 荻上チキ, 2007. ウェブ炎上ーネット群集の暴走と可能性 [M]. 東京: 筑摩書房.

[67] 渡辺武達, 松井茂記, 2004. メディアの法理と社会的責任 [M]. 東京: ミネルヴァ書房.

[68] 風間規男, 2008. 規制から自主規制へー環境政策手法の変化の政治学的考察ー [J]. 同志社政策研究, (2): 46-62.

[69] 福島俊, 2002. モバイルユーザ向け情報選別配信技術 [J]. 情報処

理学会研究報告，(48)：45-54.

[70] 個人情報保護委員会，2017. 個人情報保護法の改正に伴うオプト
アウト手続に係る個人情報保護委員会への届出について [EB/OL]. 検索于
https://www.ppc.go.jp/files/pdf/optout_overview.pdf.

[71] 個人情報保護委員会，2019. 個人情報保護委員会の組織理念～個
人情報を取り巻く環境変化に機敏に対応～ [EB/OL]. 検索于 https://www.
ppc.go.jp/files/pdf/soshikirinen.pdf.

[72] 個人情報保護委員会，2021. 個人情報の保護に関する法律につ
いてのガイドライン（通則編）[EB/OL]. 検索于 https://www.ppc.go.jp/
files/pdf/211116_guidelines01.pdf.

[73] 根本博明，山下邦弘，西本一志，2004. InteractiveFliers: 読み
手とのリアルタイムでの交渉を可能にする電子広告システム [J]. 情報処理
学会研究報告：グループウェアとネットワークサービス，(31)：49-54.

[74] 根来龍之，2006. mixi と第二世代ネット革命——無料モデルの新
潮流 [M]. 東京：東洋経済新報社.

[75] 古瀬幸広，広瀬克哉，1996. インターネットが変える世界 [M]. 東
京：岩波書店.

[76] 和久井理子，2011. 技術標準をめぐる法システム：企業間協力と
競争、独禁法と特許法の交錯 [M]. 東京：商事法務.

[77] 吉田純，2000. インターネット空間の社会学——情報ネットワー
ク社会と公共圏 [M]. 東京：世界思想社.

[78] 榎原猛編，1996. 世界のマス・メディア法 [M]. 東京：嵯峨野
書院.

[79] 経済産業省，2018. プラットフォーマー型ビジネスの台頭に対応
したルール整備の基本原則について [EB/OL]. 検索于 https://www.jftc.go.
jp/soshiki/kyotsukoukai/kenkyukai/dk-kondan/kaisai_h29_files/212-4.
pdf.

[80] 経済産業省，2020. GOVERNANCE INNOVATION: Society5.0 の実現に
向けた法とアーキテクチャのリ・デザイン [EB/OL]. 検索于 https://www.
meti.go.jp/press/2020/07/20200713001/20200713001-1.pdf.

[81] 警察庁生活安全局少年課，2019. SNS 等に起因する被害児童の現状

と対策 [EB/OL]. 検索于 https://www8.cao.go.jp/youth/kankyou/internet_torikumi/kentokai/40/pdf/s4.pdf.

[82] 駒村圭，鈴木秀，2011. 表現の自由 1- 状況へ [M]. 東京：尚学社.

[83] 芦部信喜，2011. 憲法 [M]. 東京：有斐閣.

[84] 麻生典，2018. インターネット上の違法コンテンツ規制 [J]. 芸術工学研究，（28）：1-12.

[85] 内閣府，2020. 令和 2 年度青少年のインターネット利用環境実態調査 [EB/OL]. 検索于 https://www8.cao.go.jp/youth/youth-harm/chousa/r02/net-jittai/pdf/1.pdf.

[86] 平井智，2021. アルゴリズムを通じた「権力」への関心とその隘路（特集　現代民主主義におけるマス・コミュニケーション研究）[J]. メディア・コミュニケーション：慶応義塾大学メディア・コミュニケーション研究所紀要，（71）：37-50.

[87] 千代原亮，2012. インターネット上の流言飛語に対する法規制：東日本大震災に関連したデマ情報・チェーンメールの法的側面（＜特集＞リスクと情報経営 [J]. 日本情報経営学会誌,32（2）：49-57.

[88] 山田健太，2021. 法とジャーナリズム [M]. 東京：勁草書房.

[89] 上沼紫，2021. 誹謗中傷と有害情報（特集　インターネット上の誹謗中傷問題：プロ責法の課題）[J]. ジュリスト = Monthly jurist,（1554）：38-43.

[90] 生貝直人，2011. 情報社会と共同規制：インターネット政策の国際比較制度研究 [M]. 東京：勁草書房.

[91] 松村真，2007. 情報セキュリティに敏感な一般エンドユーザ養成へ向けて？情報セキュリティ意識調査を事例として [J]. 情報処理学会論文誌,48（9）：3183-3192.

[92] 松村真，2016. 個人情報とビッグデータ：新聞記事（2000 年から 2016 年）に見るインターネット上の個人情報に対する評価の変化 [J]. 埼玉学園大学紀要．人間学部篇，（16）：145-157.

[93] 松田美，2012. 大学生のスマートフォン利用 [J]. 中央大学社会科学研究所年報，（16）：99-112.

[94]SIA, 2021. 権利侵害明白性ガイドライン [EB/OL]. 検索于 https://www.saferinternet.or.jp/wordpress/wp-content/uploads/ infringe_guidenline_v0.pdf.

[95]TCA, 2014. インターネット上の違法な情報への対応に関するガイドライン [EB/OL]. 検索于 https://www.telesa.or.jp/ftp-content/ consortium/illegal_info/pdf/20141215guideline.pdf.

[96] 藤代裕之, 2017. ディジタルゲリマンダとは何か - 選挙区割策略からフェイクニュースまで -: 3. ソーシャルメディアと想像の共同体 [J]. 情報処理, 58 (12): 1080-1084.

[97] 藤井正, 2007. インターネット時代のマスコミ規制 [J]. 社学研論集, (10): 326-341.

[98] 田川義博, 2013. インターネット利用におけるガバナンスのあり方：自由・創造と秩序・安全のはざまのなかで [J]. コミュニケーション研究, (43): 27-60.

[99] 田島泰彦, 1995. 自主規制とプレス倫理 [M]. 載稲葉三千男ほか（編集）, 新聞学. 東京：日本評論社.

[100]TSA, 2016. 違法・有害情報への対応等に関する契約約款モデル条項 [EB/OL]. 検索于 https://www.telesa.or.jp/ftp-content/consortium/ illegal_info/pdf/The_contract_article_model_Ver11.pdf.

[101] 文部科学省, 2021. 令和 2 年度児童生徒の問題行動・不登校等生徒指導上の諸課題に関する調査結果の概要 [EB/OL]. 検索于 https://www. mext.go.jp/content/20201015-mext_jidou02-100002753_01.pdf.

[102] 武田隆, 2011. ソーシャルメディア進化論 [M]. 東京：ダイヤモンド社.

[103] 五味史充, 2018. プラットフォーマーの台頭と既存ビジネスの抵抗 [J]. Information: 江戸川大学の情報教育と環境, 15: 53-61.

[104] 小川美香子, アモロソ, L. ド, 2011. 日本のモバイル・エコシステムの存立要件:: i モード開発者のインタビューより [J]. 経営情報学会 全国研究発表大会要旨集, f (0): 81.

[105] 小笠原盛, 2014. ソーシャルメディア上の政治コミュニケーションとマスメディア（＜特集＞現代のメディアとネットワークにおける政治参

加）[J]. マス・コミュニケーション研究，85（0）：63-80.

[106] 小向太郎，2021. ネットの誹謗中傷問題は解消するのか？～プロバイダ責任制限法改正と今後の課題～[J]. 情報処理，62（11）：55-61.

[107] 新保史生，2013. ネットワーク社会における個人情報・プライバシー保護のあり方[J]. IEICE FUNDAMENTALS REVIEW，6（3）：199-209.

[108] 穴戸常寿，2013. 表現の自由[M]. 載于岡村久道編，インターネットの法律問題ーー理論と実務. 東京：新日本法規.

[109] 岩田一政，2020. データ経済における政策課題[J]. 情報通信政策研究，4（1）：1-18.

[110] 伊藤博文，2001. インターネットのセルフガバナンスについて[J]. 豊橋創造大学短期大学部研究紀要，（18）：23-38.

[111] 郵政省，2000. インターネット上の情報流通の適正確保に関する研究会報告書[EB/OL]. 検索于 https://jglobal.jst.go.jp/detail?JGLOBAL_ID=200902127901512100.

[112] 垣内秀介，2021. 発信者情報開示手続の今後（特集インターネット上の誹謗中傷問題：プロ責法の課題）[J]. ジュリスト = Monthly jurist，（1554）：25-31.

[113] 遠藤薫，2010.「ネット世論」という曖昧：＜世論＞,＜小公共圏＞,＜間メディア性＞（＜特集＞世論と世論調査）[J]. マス・コミュニケーション研究，77（0）：105-126.

[114] 遠藤薫，2014. 間メディア社会の「ジャーナリズム」ーーソーシャルメディアは公共性を変えるか[M]. 東京：東京電機大学出版局.

[115] 曽我部真裕，2017. モバイル・インターネットにおける青少年保護対策の新しい動きについて[J]. 情報法制研究，1（0）：78-87.

[116] 斉藤啓昭，1997. インターネット上の情報流通について（＜特集＞インターネットのおとし穴）[J]. 情報の科学と技術，47（9）：441-447.

[117] 沼尻祐未，2021. 特別寄稿（1）「Society5. 0 時代の新たなガバナンスの在り方」[J].P2M マガジン，（12）：11-14.

[118] 折田明子，2012）ソーシャルメディア利用における「名乗り」とプライバシー：「実名」には何が求められるのか[J]. 経営情報学会全国研究発表大会要旨集, f（0）：359-362.

[119] 仲佐秀雄，1994. 情報・通信メディアの規制とルール—公規制と倫理コードの全体状況ノート—[J]. 山梨英和短期大学紀要，28（0）：148-134.

[120] 株式会社 NTT データ経営研究所，2018）. プラットフォーマーを巡る法的論点検討調査報告書 [EB/OL]. 検索于 https://www.meti.go.jp/meti_lib/report/H29FY/000643.pdf.

[121] 築山欣央，2012. 表現の自由と社会的責任 [J]. 愛知学泉大学現代マネジメント学部紀要，1（1）：39-46.

[122] 総務省，2009. インターネット上の違法・有害情報への対応に関する検討会　最終取りまとめ〜「安心ネットづくり」促進プログラム〜[EB/OL]. 検索于 https://www.soumu.go.jp/menu_news/s-news/2009/pdf/090116_1_bs1-1.pdf.

[123] 総務省，2011. 青少年が安全に安心してインターネットを利用できる環境の整備に関する提言〜スマートフォン時代の青少年保護を目指して〜[EB/OL]. 検索于 https://www.soumu.go.jp/main_content/000135703.pdf.

[124] 総務省，2012a. 平成 24 年版情報通信白書 [EB/OL]. 検索于 https://www.soumu.go.jp/johotsusintokei/whitepaper/ja/h24/pdf/24honpen.pdf.

[125] 総務省，2012b. スマートフォンプライバシーイニシアティブ—利用者情報の適正な取扱いとリテラシー向上による新時代イノベーション—[EB/OL]. 検索于 https://www.soumu.go.jp/main_content/000358525.pdf.

[126] 総務省，2015. 平成 27 年版情報通信白書 [EB/OL]. 検索于 https://www.soumu.go.jp/johotsusintokei/whitepaper/ja/h27/pdf/27honpen.pdf.

[127] 総務省，2018. 平成 30 年版情報通信白書 [EB/OL]. 検索于 https://www.soumu.go.jp/johotsusintokei/whitepaper/ja/h30/pdf/30honpen.pdf.

[128] 総務省，2019. 令和元年情報通信白書 [EB/OL]. 検索于 https://www.soumu.go.jp/johotsusintokei/whitepaper/ja/r01/pdf/01honpen.pdf.

[129] 総務省，2020a. 発信者情報開示の在り方に関する研究会最終とりまとめ [EB/OL]. 檢索于 https://www.soumu.go.jp/main_content/000724725.pdf.

[130] 総務省，2020b. インターネット上の誹謗中傷への対応に関する政策パッケージ [EB/OL]. 檢索于 https://www.soumu.go.jp/main_content/000704625.pdf.

[131] 佐伯千種，竇雪，2016. パーソナルデータ利活用に対するスマートフォン世代の信用・プライバシー意識： インターネットアンケート調査（2015 年 6 月）の結果から [J]. メディア・コミュニケーション ： 慶応義塾大学メディア・コミュニケーション研究所紀要，（66）：1-14.

[132] エマースン， T. I.，1972. 表現の自由 [M]. 東京： 東京大学出版会.

[133] クロサカ タツヤ，2020. 日本でデータを活用したイノベーションが起きない理由と解決策 [J]. 智場，（123）：13-27.

[134] ジョナサン・ジットレイン，2009. インターネットが死ぬ日 [M]. 東京：ハヤカワ新書 juice.

[135] プロファイリングに関する提言案,2019.NBL,（1137）:64-67.

[136] Akdeniz, Y.,2001. Internet content regulation: UK government and the control of Internet content[J]. Computer Law & Security Review, 17(5):303-317.

[137] Andersson Schwarz, J.,2017. Platform logic: An interdisciplinary approach to the platform-based economy[J]. Policy & Internet, 9(4):374-394.

[138] Ayres, I. & Braithwaite, J.,1992. Responsive regulation: Transcending the deregulation debate[M]. New York :Oxford University Press.

[139] Balkin, J. M., 2008. The future of free expression in a digital age[J]. Pepperdine Law Review, (36): 427-444.

[140] Balkin, J. M., 2013. Old-school/new-school speech regulation[J]. Harvrd Law Review, (127):2296-2341.

[141] Bardach, E.& Kagan, R. A., 1982. Going by the Book: The

Problem of Regulatory Unreasonableness[M]. Philadelphia, PA: Temple University Press.

[142]Barlow, J. P., 1996. A Declaration of independence for cyberspace[EB/OL].Retrieved from https://www.eff.org/cyberspace-independence.

[143]Berkowitz, H.& Souchaud, A., 2019. (Self-) regulation of sharing economy platforms through partial meta-organizing[J]. Journal of business ethics, 159(4): 961-976.

[144]Black, J., 2001. Decentring regulation: Understanding the role of regulation and self-regulation in a 'post-regulatory' world[J].Current legal problems, 54(1): 103-146.

[145]Boyd, D. M.& Ellison, N. B., 2007. Social network sites: Definition, history, and scholarship[J].Journal of computer-mediated Communication, 13(1): 210-230.

[146]Braithwaite, J.,1982.Enforced self-regulation: A new strategy for corporate crime control[J]. Michigan law review, 80(7):1466-1507.

[147]Carrigan, C.& Coglianese, C.,2016. Capturing Regulatory Reality: Stigler's The Theory of Economic Regulation[J]. U of Penn, Inst for Law & Econ Research Paper, 16-15.

[148]Castells, M.,2007. Communication, power and counter-power in the network society[J]. International journal of communication, (1):238-266.

[149]Chedia, K.& Pavic, V.,2010. Models of Internet Regulation[EB/OL]. Retrieved from http://www.etd.ceu.hu/2010/chedia_koka.pdf.

[150]Chen, Y., Pereira, I.& Patel, P. C.,2021. Decentralized governance of digital platforms[J]. Journal of Management, 47(5):1305-1337.

[151]Coglianese, C.& Mendelson, E.,2010. Meta-regulation and self-regulation[J]. U of Penn Law School, Public Law Research

Paper, 12-11.

[152]Coglianese, C. & Nash, J., 2010. Management-Based Strategies: An Emerging Approach to Environmental Protection[M]. In Coglianese, C. & Nash, J. (Eds.).Leveraging the Private Sector: Management-Based Strategies for Improving Environmental Performance. New York:Routledge. 19-46.

[153]de Reuver, M., van Wynsberghe, A., Janssen, M.& van de Poel, I.,2020. Digital platforms and responsible innovation: expanding value sensitive design to overcome ontological uncertainty[J]. Ethics and Information Technology, (22):257-267.

[154]Decker, C.,2018.Goals-based and Rules-based Approaches to Regulation. BEIS Research Paper Number 8, Available at SSRN: https://ssrn.com/abstract=3717739.

[155]DeNardis, L.,2012. Hidden levers of Internet control: An infrastructure-based theory of Internet governance[J]. Information, Communication & Society, 15(5):720-738.

[156]DeNardis, L.,2014. The global war for internet governance[M].New Haven :Yale University Press.

[157]DeNardis, L.& Hackl, A. M.,2015. Internet governance by social media platforms[J]. Telecommunications Policy, 39(9):761-770.

[158]Easterbrook, F. H.,1996. Cyberspace and the Law of the Horse[J]. U. Chi. Legal F., 207-216.

[159]Elkin-Koren, N.,2005. Making technology visible: liability of internet service providers for peer-to-peer traffic[J]. NYUJ Legis. & Pub. Pol'y, 9(15):15-74.

[160]EPCC.,2003. Interinstitutional Agreement on Better Law-Making. OJ 2003, C321/01.

[161]Ferreira, G. B.,2018. Gatekeeping changes in the new media age: The internet, values and practices of journalism[J]. Brazilian journalism research, 14(2):486.

[162]Flonk, D., Jachtenfuchs, M.& Obendiek, A. S.,2020. Authority conflicts in internet governance: Liberals vs. sovereigntists?[J].Global Constitutionalism, 9(2):364-386.

[163]Friedman, B., Kahn, P. H., Borning, A.& Huldtgren, A.,2013. Value sensitive design and information systems[J].In:Doorn, N., Schuurbiers, D., van de Poel, I., Gorman, M. (eds) Early engagement and new technologies: Opening up the laboratory. Philosophy of Engineering and Technology, vol 16. Springer, Dordrecht, 5-95.

[164]Garrity, M.& Picard, L. A.,1991. Organized interests, the state, and the public policy process: An assessment of Jamaican business associations[J]. The Journal of Developing Areas, 25(3):369-394.

[165]Gillespie, T. ,2010. The politics of 'platforms' [J]. New media & society, 12(3):347-364.

[166]Gillespie, T.,2017. Governance of and by platforms[M]. in Jean Burgess,Thomas Poell&Alice Marwick.,eds. SAGE handbook of social media, Sage,forthcoming. pp254-278.

[167]Gillespie, T.,2018. Custodians of the Internet: Platforms, content moderation, and the hidden decisions that shape social media[M]. Yale University Press.

[168]Gorwa, R.,2019. What is platform governance?[M]. Information, Communication & Society, 22(6):854-871.

[169]Grabosky, P.,2017. Meta-regulation[M].In: Drahos, P. (eds). Regulatory theory: Foundations and applications. ANU Press. pp149-162.

[170]Gray, M. L.,2009. Negotiating identities/queering desires: Coming out online and the remediation of the coming-out story[J]. Journal of Computer-Mediated Communication, 14(4):1162-1189.

[171]Grimmelmann, J.,2004. Regulation by software[J]. Yale LJ, (114):1719-1758.

[172]Grimmelmann, J.,2015. The virtues of moderation[J]. Yale

JL & Tech., (17):42-109.

[173]Helberger, N., Pierson, J.& Poell, T.,2018. Governing online platforms: From contested to cooperative responsibility[J]. The information society, 34(1):1-14.

[174]Held, T.& Scheuer, A.,2006. Final Report: Study on Co-Regulation Measures in the Media Sector[J]. Study for the European Commission，Directorate Information Society and Media Unit, 1.

[175]Hofmann, J., Katzenbach, C.& Gollatz, K.,2017. Between coordination and regulation: Finding the governance in Internet governance[J]. New media & society, 19(9):1406-1423.

[176]Hogan, B.& Quan-Haase, A.,2010. Persistence and change in social media[J]. Bulletin of Science, Technology & Society, 30(5):309-315.

[177]Howard, P. N., Duffy, A., Freelon, D., Hussain, M. M., Mari, W.& Maziad, M.,2011. Opening closed regimes: what was the role of social media during the Arab Spring?[J]. Available at SSRN 2595096.

[178]Huang, S. Z.& Hilary, G.,2012. Regulation through social norms[J].Research Collection School Of Accountancy. Available at: http://ink.library.smu.edu.sg/soa_research/1297.

[179]Ito, M., Okabe, D.& Matsuda, M. (Eds.).,2005. Personal, portable, pedestrian: Mobile phones in Japanese life[M]. Boston Review.

[180]Jovanovic, M., Sjödin, D.& Parida, V.,2021. Co-evolution of platform architecture, platform services, and platform governance: Expanding the platform value of industrial digital platforms[J]. Technovation, 102218.

[181]Kaplan, A. M.& Haenlein, M.,2010. Users of the world, unite! The challenges and opportunities of Social Media[J]. Business horizons, 53(1):59-68.

[182]Kaplow, L.,1992. Rules versus standards: An economic

analysis[J]. Duke Lj, (42):557-629.

[183]Kaye, R. P., 2006. Regulated (self-) regulation: A new paradigm for controlling the professions?[J].Public Policy and Administration, 21(3):105-119.

[184]Klonick, K., 2017. The new governors: The people, rules, and processes governing online speech[J]. Harv. L. Rev., (131):1598-1670.

[185]Lash, S., 2007. Power after hegemony: Cultural studies in mutation?[J].Theory, culture & society, 24(3):55-78.

[186]Latour, B., 1993. The pasteurization of France[M]. Cambridge, Massachusetts and London: Harvard University Press.

[187]Lessig, L., 1999. The law of the horse: What cyberlaw might teach[J]. Harvard law review, 113(2):501-549.

[188]Mayer-Schonberger, V., 2008. Demystifying Lessig[J]. Wis. L. REv., 713-746.

[189]Musiani, F., 2013. Network architecture as internet governance[J]. Internet Policy Review, 2(4):1-9.

[190]Nahikian, D. J., 1995. Learning to love the Ultimate Peripheral-Virtual Vices Like Cyberprostitution Suggest a New Paradigm to Regulate Online Express[J]. J. Marshall J. Computer & Info. L., (14):779-816.

[191]Neuberger, C., 2018. Meinungsmacht im Internet aus kommunik ationswissenschaftlicher Perspektive[J]. UFITA, 82(1):53-68.

[192]Nooren, P., van Gorp, N., van Eijk, N.& Fathaigh, R. Ó., 2018. Should we regulate digital platforms? A new framework for evaluating policy options[J]. Policy & Internet, 10(3):264-301.

[193]OECD., 2010. The Economic and Social Role of Internet Intermediaries[EB/OL]. Retrieved from https://www.oecd.org/digital/ieconomy/44949023.pdf.

[194]Ofcom., 2008. Identifying appropriate regulatory solutions: principles for analysing self- and co-regulation[EB/OL]. Retrieved

from https://www.ofcom.org.uk/__data/assets/pdf_file/0019/46144/statement.pdf.

[195]Parker, C.,2002. The open corporation: Effective self-regulation and democracy[M]. New York : Cambridge University Press.

[196]Pasquale, F.,2015. The black box society[M]. Cambridge : Harvard University Press.

[197]Plantin, J.-C.& Punathambekar, A.,2019. Digital media infrastructures: pipes, platforms, and politics[J]. Media, Culture & Society, 41(2):163-174.

[198]Rahim, M. M.,2013.Legal regulation of corporate social responsibility: Evidence from Bangladesh[J]. Common Law World Review, 2012, 41(2): 97-133.

[199]Reidenberg, J. R.,1996. Governing networks and rule-making in cyberspace[J]. Emory LJ, (45):911-930.

[200]Rietveld, J., Schilling, M. A.& Bellavitis, C.,2019. Platform strategy: Managing ecosystem value through selective promotion of complements[J]. Organization Science, 30(6):1232-1251.

[201]Rubinstein, I.,2016. The Future of Self-Regulation is Co-Regulation[J]. The Cambridge Handbook of Consumer Privacy, From Cambridge University Press (Forthcoming), Available at SSRN 2848513.

[202]Rubinstein, I. S.,2011.The Future of Self-Regulation is Co-Regulation. The Cambridge Handbook of Consumer Privacy, From Cambridge University Press (Forthcoming), Available at SSRN: https://ssrn.com/abstract=2848513.

[203]Ruhnka, J. C.& Boerstler, H.,1998. Governmental incentives for corporate self regulation[J]. Journal of business ethics, 17(3):309-326.

[204]Scott, C.,2004. Regulation in the age of governance: The rise of the post-regulatory state[J]. The politics of regulation: Institutions and regulatory reforms for the age of governance,

(145):151-154.

[205]Segura-Serrano, A.,2006. Internet regulation and the role of international law[J]. Max Planck Yearbook of United Nations Law Online, 10(1):191-272.

[206]Senden, L. A.,2005. Soft law, self-regulation and co-regulation in European law: Where do they meet?[J].Electronic Journal of Comparative Law, 9(1).

[207]Siebert, F., Siebert, F. T., Peterson, T., Peterson, T. B.& Schramm, W.,1956. Four theories of the press: The authoritarian, libertarian, social responsibility, and Soviet communist concepts of what the press should be and do (Vol. 10)[M]. University of Illinois press.

[208]Sinclair, D.,1997. Self - regulation versus command and control? Beyond false dichotomies[J]. Law & Policy, 19(4): 529-559.

[209]Solove, D. J.,2012. Introduction: Privacy self-management and the consent dilemma[J]. Harv. L. Rev., (126):1880-1903.

[210]Sørensen, C., De Reuver, M.& Basole, R. C.,2015. Mobile platforms and ecosystems[J]. Journal of Information technology, 30(3):195-197.

[211]Stockmann, D.,2022. Tech companies and the public interest: the role of the state in governing social media platforms[J]. Information, Communication & Society, 1-15.

[212]Thompson, D. F.,2014. Responsibility for Failures of Government The Problem of Many Hands[J]. American Review of Public Administration, 44(3):259-273.

[213]Van Dijck, J.,2013. The Culture of Connectivity: Public Values in a Connective World[M]. New York: Oxford University Press.

[214]Van Dijck, J., Poell, T.& De Waal, M.,2018. The platform society: Public values in a connective world[M]. New York: Oxford University Press.

[215]Van Hoboken, J.& Fathaigh, R. Ó.,2021. Smartphone

platforms as privacy regulators[J]. Computer Law & Security Review, (41):105557.

[216]Verbruggen, P.,2009. Does Co‑Regulation Strengthen EU Legitimacy?[J].European Law Journal, 15(4):425-441.

[217]Williamson, B.& Bunting, M.,2018. Reconciling private market governance and law: A policy primer for digital platforms[J]. Available at SSRN:https://ssrn.com/abstract=3188937.

[218]Wu, J. G. a. T.,2006. Who Controls the Internet? Illusions of a Borderless World[M]. New York : Oxford University Press.

[219]Wu, T.,2003. When code isn't law. Va. L. Rev., (89):679-752.

[220]Zittrain, J.,2005. A history of online gatekeeping[J]. Harv. JL & Tech., (19):253-299.

附　录

日本社交平台治理相关法律政策、指南方针一览

发布时间	文件名称	发布者
1998.12	《电气通信领域个人信息保护指南》	日本总务省
2001.1	《日本网络服务提供者责任限制法》	
2002.5	《网络服务提供者责任限制法：著作权关系指南》	日本电信服务协会（TSA）
2003.6	《交友类网站限制法》	
2003.11	《网络服务提供者责任限制法：著作权关系指南》最后修订	日本电信服务协会（TSA）
2005.4	《日本个人信息保护法》	
2006.4	《过滤软件普及启发行动计划总则》	日本电气通信事业者协会（TCA） 日本电信服务协会（TSA） 日本网络服务提供者协会（JAIPA） 日本有线电视联盟（JCTA） 日本电子信息技术产业协会（JEITA） 日本互联网协会（IAJ）

续表

发布时间	文件名称	发布者
2006.11	《互联网违法信息应对指南》	日本电气通信事业者协会（TCA） 日本电信服务协会（TSA） 日本网络服务提供者协会（JAIPA） 日本有线电视联盟（JCTA）
2007.2	《网络服务提供者责任限制法：传播者信息披露关系指南》	日本电信服务协会（TSA）
2008.6	《社交网站运营管理体制认证标准》	移动内容评估监督机构（EMA）
2008.7	《青少年网络环境整备法》	
2012.8	《智能手机隐私倡议》	日本总务省
2013.8	《智能手机隐私倡议 II》	日本总务省
2013.8	《社交网站运营管理体制认证标准》最后修订	移动内容评估监督机构（EMA）
2014.12	《互联网违法信息应对指南》最后修订	日本电气通信事业者协会（TCA） 日本电信服务协会（TSA） 日本网络服务提供者协会（JAIPA） 日本有线电视联盟（JCTA）
2015.9	《日本个人信息保护法》全面修订	
2016.11	《个人信息保护法指南（总则）》	日本个人信息保护委员会
2017.7	《智能手机隐私倡议 III》	日本总务省
2017.9	《移动通信内容行业个人信息保护方针》	"移动通信内容论坛"（MCF）
2018.2	《青少年网络环境整备法》最后修订	
2018.12	《关于用户画像的建议草案》	"个人数据＋α"研究小组
2020.6	《日本个人信息保护法》最后修订	
2021.4	《权利侵害明白性指南》	日本网络安全协会（SIA）

续表

发布时间	文件名称	发布者
2022.3	《电气通信领域个人信息保护指南》最后修订	日本总务省
2021.4	《日本网络服务提供者责任限制法》最后修订	
2022.6	《交友类网站限制法》最后修订	
2022.9	《网络服务提供者责任限制法：传播者信息披露关系指南》最后修订	日本电信服务协会（TSA）
2022.9	《个人信息保护法指南（总则）》最后修订	日本个人信息保护委员会